答えの無い苦難の道は、もう歩まない

久川　正子

東京図書出版

まえがき

人間は今、どう生きたら良いのか、何をすれば良いのかと、迷いの時を迎えていると思います。忙しく時間を使い、物も食も求めすぎて生活をしています。でもこれからの生き方は、お金でも物でもなく、地球や人間以外のことに目を向けていく時が来ています。

この本を出版するにあたり、心は神によって生かされていることを知って頂きたく、私の神との経験を書かせて頂きました。この体験は、私が特別ではなく、これから多くの方達が経験することになるでしょう。すべての人間は神からのエネルギーによって生かされています。その事を知って頂きたい、その一念で書かせて頂きました。そして謙虚な生き方の方向に心のカジを切り替えてほしいと思います。

答えの無い苦難の道は、もう歩まない

私は昭和二十年一月十一日、樺太で生まれ、現在七十一歳です。

父久川松喜、母みねきの間に七女として生まれました。父母はいとこ同士で、四国の高知県の出身でした。二人は仲の良い夫婦で、喧嘩をしているところを私は見たことがありませんでした。一人は死産でしたが十二人もの子供を育てました。年子が多く、上と下は親子ほど離れていて、上の兄姉が下の子供達の面倒を見ていたそうです。当時、子供ながらに母のお腹が休むことがなかったのではと思いました。父が十九歳の時、父方の祖父が知り合いの保証人になり家も畑も取られてしまい、父が一家を支えることになって、食べる為に樺太に移住し開拓者として大変苦労しました。苦労の中、祖父と弟が死に、おたふく風邪が流行していて、その時赤ちゃんだった私のすぐ上の姉や三人の姉も病気にかかり、一日掛かりで母が病院に連れて行きましたが、入院中三人の姉は次々と亡くなりました。三番目の兄が遺体を次々に焼いていったそうです。本当に悲しかったと聞いていました。そんな中でも皆で一緒に頑張って、終戦の時にはロシア人を使うほどのお金持ちになっていたそうです。子供に絹の着物を着せていたというのが母の自慢でした。

父は樺太からの引き揚げの時は全てを捨てて裸一貫で日本に帰り、北海道斜里郡小清水町に入り自衛隊官舎の長屋の一つに落ち着いて、新しいスタートを切ったそうです。食べる物も無く苦労の始まりでした。お腹が空いて農家の人がじゃがいもを収穫した夜に、家族で暗闇の中、小さな芋をはいつくばって拾ってきて、茹でて食べたことなどを聞いています。お金持ちから貧乏へと大変だったことがうかがえます。上の兄姉は奉公に出され、家を支えてくれました。この時代はどこの家も大変苦労した時代です。

この本を読んで下さる方で、私と同じような体験をしている方もいらっしゃると思います。特に私の人生の中で一番苦しかったのが、十五歳から二十八歳頃の出来事でした。読んで頂くにあたり、読まれる方も苦しくなるのではと思います。五十六歳の頃、内観・反省と出会い、自分の人生を見つめ直してみましたので、内観・反省で気付いたことや学んだことを間に挟み、出来事の中に出来事の原因と、物事の捉え方などを考えて読んで頂けましたら幸いです。

この地上で生を受け、親に育てて頂き社会に出て、毎日の出来事に振り回されているのが現実の生活です。私はいろいろな出来事の中、自分自身をゆっくり見つめることができない生活をして、一生懸命生きていて、どうしてこんなことが起きるのか、私だけがと心の中で思いつづけていました。

内観・反省をして気付いたことは、人は生まれる前に人生計画を立て、両親も、出会う方も全て決めて、何度も練習して生まれてくるということです。その人の前世で取り切れなかったカルマを薄めるために、優しくしてくれる人や、気が付くようにいじめる人などを人生の中に組み込んであります。お母さんの産道を通り生まれた時は、生まれる前の人生計画のことを全て忘れてしまうそうです。物心が付いた時から出てくる思い（カルマ）は五感によるもので、目は見える物・口は味わう物・耳は聞こえる物・鼻は臭う物・肌は感じる物、で好き嫌い、良い悪いと判断し、生活しているのが私達人間です。一人ひとり五感で何が強く出ているかで性格が異なります。それがその人の価値観です、人間性です。私達人間は、生まれ変わりを繰り返し、現在の人生を、歩んでいます。私もこのことを知らない人生を歩んできました。苦しいのは自分だけと思い、周りにどれほどのご迷惑をかけてきたか、どう人生を変えてきたかを読み取って頂けましたら幸いです。特に、私と同じ世代の人達は、戦争も終わり、大きな時代の変化の中で、経済も生活も、日々目まぐるしく変わり、戦争が終わった喜びと解放感の波に呑み込まれ、遅れまいと必死で、何が良くて何が悪いかを考える時間が無いまま、お金や物を追い求めて、それの多さで人の価値観が決まった時代に生かされ、人並みの生活を追い求めて生きてきたのです。団塊の世代の方の辛抱と努力で、今の日本を作り上げてきました。その世代も社会の責任から退き、自分は、人間は、どう生きていき、何の為に生まれたのかを考えなければならない時期に来たと思います。過去のどんな体験もその人の魂には悪いことではなく、それを踏まえて、自分はどう生きていくのか、考えて修正してからあの世に帰りたいものです。

私も神様のご意志と全く反対の生活をしてきました。神の「か」の字も私の中には無く、迷いの連続で、こうして私の体験を本として書くことになろうとは思いもよらない人生です。これまでも私を指導して下さる指導霊様から頂きましたメッセージを理解できなくて、聞かないことにしたことが何度もありました。私にはできないという劣等感が出てしまい、無視をしたことは何度もありました。私も七十一歳になり、「残りの人生、少しでも今までの清算をしたい。どうすればよいのか」と考えていましたら、本を書くことだと示して頂きました。それは今までに練習をしてきていることでした。名も無い私の体験ですが書かせて頂き、一人でも手に取って読んで頂き、ご自分の人生に活かして頂けましたら本当に嬉しく思います。

これから書いていくことは、全て私が体験したことです。体験したことはお話をしても良いと言われていますので本にしました。特に歳をとられた方は、この世での魂の修行の時間はあまり残っていませんので、急ぐ必要があると言われていましたが、今日まで月日が経ってしまいました。その中で、沢山のことを学びました。今まで見えない世界の本を沢山読ませて頂きました。しかし、その時は分かったつもりでしたが頭の中での知識の世界でした。自分が体験して初めて人間と神様がつながっていると、無意識に蓄積されることで納得できるものです。それが行動につながります。それが私の体験したことです。全ての人間は頭上から神のエネルギーとつながり生かされています。自分本位の生活をしているとエネルギーは少しで足りますが、人の為に人生を生きたいと行動する方は、過去の人生を綺麗にして多くのエネルギーを頂き、他の人の為の生き方ができるとのことです。どちらを選ぶかは自由だそうです。

私は物心つき記憶にありますのは七歳くらいの時からです。母が最後の子供を死産で産み、その後、身体が悪くなって床に伏すようになり、兄が食事の支度をしてくれていました。私は病気もせず元気に育っていました。

すぐ下の妹は樺太から引き揚げてきてから生まれた子供で、赤ちゃんの時、食べ物が無いため、米のとぎ汁を飲ませていました。お腹が空いて夜泣きをし、家族が寝られなかったので、仕方なく父が一晩外に出しておいて、翌朝、父が行ってみましたら父の顔を見てニッコリ笑ったそうで、可哀そうになり家に連れてきたそうです。母のお乳が飲めなかったため弱く、結核になり寝ている子供でした。

私は外で遊び元気に育ちました。小学生くらいから母の畑の手伝いをしていて身長は伸びませんでした。私が中学三年の頃は、高校へ進学する子がほとんどで、私も行きたいと親に伝えましたが、一番上の兄がお嫁さんをもらうことになり、小姑が多いとお嫁さんが来ないということで高校には行けず、働きに行くことになりました。

その頃、一番上の姉が釧路市の真言宗のお寺にいました。父はその姉を満州から引き揚げる際、女性はロシアの男性に見つかると性暴力に遭うということで知り合いの男性と無理やり結婚をさせ日本に帰しましたが、子供ができず離婚させられたそうです。姉はその後、結核になり、後三カ月の命と言われました。その時、母が通っていた真言宗のお寺の住職さんと母の夢枕に弘法大師様が立たれて、高野山に修行に入れば命は助かるとのお告げがあり、吐血をしながら釧路のお寺にいました。

その頃は、高野山のお寺に修行に行く前でした。私にそば屋の店員の仕事を見つけてくれ、私も気に入り行くことになりました。釧路に着いたら、姉が私のため、礼儀作法を身に付けさせたいとの思いから、勤め先が木材会社のお手伝いさんに変えられていて、嫌とは言えず行くことになったのです。

住み込みで一カ月三千円です。月一日お休みがありました。社長さんが関西出身の方で食通でもあり、田舎育ちの私には食事が楽しみでした。食べたことが無い肉料理を食べさせて頂き、味付けも薄味でとても美味しく、その後の私の人生で料理がとても役に立ちました。躾がとても厳しくて、話をするときもキチンと座り指をついて話をしなければならず、差別意識が強く、工場の工員さんとの挨拶も駄目です。いっさい口をきいてもいけません。空き部屋があったのに、私の寝る場所は茶の間で、皆さんが休まないと寝ることはできませんでした。一番辛かったことは、生理の時です。不浄と言われ、その時は調味料の置いてある所に入るのを禁止されました。。汚いからと言われ、必ず報告しなさいと言われました。今考えると奥様も同じ女性で子供を産んでいるのにと思います。

一日の中で犬の散歩の時間が一番楽しみでホッとする時間でした。短い時間ですが、海が近いので浜辺に行くのが楽しみでした。ある時、一人の青年に声をかけられて少しの時間ですが話をして別れました。また二日後に出会い、また少し話をして犬の散歩の時間ですので直ぐ離れ、散歩させ帰りましたら、男の人と逢い引きしていたと奥様に叱られました。近所の方が見ていて報告したそうです。相手の方はアイヌ民族の方で、アイヌの人とは口をきいても駄目。挨拶しただけと言いましたらそれも駄目だそうで、翌日から散歩は禁止になりました。私は同じ人間なのに人を差別するなんて、と心で思いました。その結果一番のちょっとの息抜きの時間が無くなりました。その後、醤油や味噌が少なくなっている、工員にあげているのではと疑われました。いつも娘さんが遊びに来て帰った後に言われます。何度も聞かれ、私もストレスが溜まり身体に変調があらわれて生理が止まらず、ふらつくようになりました。奥様が家に帰すと言い、姉に知らせて一年もしないのに辞めさせられました。

家に帰り病院に行くと、診断は強度のかっけとのこと、家でゆっくり過ごしなさいと言われ一月半くらいで良くなりました。しかしそのまま実家に居ることもできず、とりあえずすぐ上の姉が住み込みで仕事をしており、そこで店員として働くことになりましたが、あんなことで仕事を首になるのでは、何か手に職を付けたいと思いました。美容師になりたくなり探してみたところ「アイリス」というお店を見つけ、住み込みで雇って下さることになり店員を辞めました。

美容室は女性の社長で優しい人でした。社長に、料理ができるかと聞かれ、できますと答えましたら、先生達の食事の支度もさせて頂くことになり、住み込みの方達は大部屋で寝ますが、私は朝早いので三帖間の小部屋を頂きました。台所の後片付けが終わった後、お店に出る生活です。一生懸命に働く私を見て、社長は仕事が終わってから店の明かりをつけ、マネキン相手に練習しなさいと言って下さいました。私は嬉しくて真剣に練習しました。通いのインターンの人より上手になり、誉めて頂くことが多くなりました。

　ところが入って七カ月くらいの時、警察官が私の所に来て、「自分の物で何か無くなった物はないか」と聞いてきましたので、部屋に行きましたが盗られる物は何も無いので「ありません」と答えました。その後私だけが盗まれた物が無く、盗んだ人も盗まれたと報告をしたので、私が盗んだことになり、警察署に連れていかれました。「あんたが盗んだのだろう、自白しなさい、しないと警察署に泊まることになる」と脅され、「どうして私なのか」と聞きましたら、以前の勤め先でよく物が無くなったと言ったそうです。しかし私は何も盗っていません。悔しくて泣いてしまいました。どうしてこんなことになるのか自分を責めてしまいました。盗んだという証拠が無く朝早く帰してくれましたが、もうそこでの仕事はできないし、他の美容室に変わってもこのことがあれば雇ってくれないので、二番目の兄の所に少し置いてもらうことにしました。

　そこから仕事を探して二十日くらい経ってから、住み込みで洋品店の店員として雇って下さることになり、兄の家を出ました。本当に嬉しくて一生懸命働きました。三カ月目で一日お休みを頂きました。明日休みなさいと言われ、そうすることにしました。その時、通いで勤めていた女性の同僚から遊びに行かないかと誘われて、今夜家に泊めてあげるから今夜から行こうとしつこく誘われて、店主のOKをとり二人で出かけました。喫茶店に行くことになり、そこに同僚の彼が待っていて、それからダンスホールに行くことになりました。私は一度も行ったことが無かったのですが、仕方なくついて行きました。そこにもう一人の男性Sさんが居て、帰ることもできず、座ってカクテルを飲み、踊れないのにSさんとチークダンスをすることになりました。楽しくもなく帰るに帰れず、時間だけが流れて、同僚にもう帰ろうと言った時には朝の三時近くになっており、彼女が家に電話してくると言って離れました。今考えてみたら、彼女の家に電話があったかどうか分かりません。彼女に仕組まれていたのです。遊びのお金はSさんが支払っていましたので、彼女が戻って来て、「今、母の彼が来ていて、家に帰ることができない」と言い出し、どうしようもなくなり、Sさんのアパートに行くことになりました。本当に田舎者で、疑うことを知りませんでした。一人で帰る勇気も無くついて行く、そんな未熟な自分がいました。

部屋には布団が二組あり、四人で泊まることになりました。私一人ではどこにも行けず、皆も一緒なのでと思い、布団を付けて真ん中に女性二人を挟んで寝ることになり、男性もお酒も経験がなかったことと、お酒の酔いもありそのまま寝てしまいました。途中で体が重苦しいと思い目が覚めたら、Sさんが私の上に乗り服を脱がしていて、止めてと抵抗して暴れ、隣に助けを求めましたら知らんふりでした。顔を殴られ服を破られ強姦されました。初めての経験で下半身は出血していてショックで涙が止まらず、うるさい、泣くなと言って殴られ、顔が腫れ痛みました。他の二人は朝早く私を置いて声もかけず逃げ出しました。今の私でしたら裸でも外に出て誰かの助けを求めるのですが、当時はそんな知恵も無く、放心状態で動く気力も無くただ泣いていました。仕事に行くこともできず、Sさんは私から見たらヤクザにしか見えませんでした。

三日ほど経って、私の洋服を買ってきてくれました。逃げたら見つけ出して、殺すと言ってSさんは仕事に行きました。帰ってくると怖くてオドオドしていました。顔の腫れも引き、仕事を休んでから一週間が経っていたので洋品店に行き、お詫びを言って荷物を持ち、Sさんの所に行きました。それからどうするか考えることにしましたが、お金も無く帰る所もなく、こんなことで兄の所に行くこともできません。夜になるのが怖くて、Sさんは私が思うようにならないと怒り殴ります。でも逃げ出す勇気が出ませんでした。

Sさんは心の中で、私が逃げ出さないのではと思ったのか、自分の子供の頃の生い立ちを話し出しました。自分が赤ちゃんの時、母が死に、父は男ばかり三人の子供を残され、仕事をしなくては食べさせることはできませんでしたので、Sさんが赤ちゃんの時、親戚の家に預けられたのだそうです。親戚の中を転々として大きくなり、いつも邪魔者扱いで、ぐれてしまったと、しみじみと話しました、人を信用できなくなったことを、ぼつぼつと話し、私に一緒に居てくれと頼み込んできましたが、返事はできませんでした。それでも短気と暴力は止まりませんでしたが、少なくはなりました。そうして気が付くと生理が止まっていて、私は初潮が十七歳にあったばかりの頃でどう話したらいいのか考えているうちに、二カ月近く経って、勇気を出し話しましたら、翌日病院に連れて行かれ、その日のうちに堕ろしました。こんな形で子供を産むことはできませんが、解っていても罪悪感に苛まれ、自分の愚かさに自分自身を許すことはできませんでした。そんな中、私に断りも無く印鑑を作り、籍を入れさせられ結婚させられました。その当時は本人の同意が無くても籍を入れることができたのです。

入籍　昭和三十七年

私もやっと覚悟ができ、彼も悪い人ではない、環境が悪かっただけと、心の中に言い聞かせて納得させ、悪いところは見ないように生活しました。そんな時、彼の長兄が左官屋さんを帯広市でやっていて、結婚したので帰ることになりました。その頃、職人さんの食事の支度をする人を探していて、私にさせて下さることになり引っ越しをしました。周りに他の人がいて、その方達との会話もでき、私にとっては、とても良い環境でした。

ところが少し落ち着いてから、ある職人さんのご飯を注いで渡したら、皆さんの前で私を殴り、飯など注いでやることはないと怒り出し気まずい雰囲気になり、部屋に帰ってもカッとなり大声を出すようになりました。そして休日の日、彼は出かけて私は編み機を出して編み物をしていましたら、帰ってきて、その時、網目がはずれてチョット待って下さいと言って直していたら、私の背後から足で蹴飛ばし胸にタッピ（糸を移す道具）が刺さりました。あばら骨の間で止まったので、心臓の近くで痛くて血止めをしてから食事の支度をしましたが、それでも気が済まなかったのか、髪の毛を整える焼きごてを足につけられ火傷をしました。

そしてある日、同僚の職人さんが親方に暴力のことを話したそうで、親方が彼に直接聞いたところ、親方を殴り付けたそうです。後で聞いたのですが、私のことを可哀そうと思ったのか、その時、奈良のお寺の仕事が入り彼を半月ほど行かせた後、親方が私の所に来て、私に何も言わなくていい、事情は察しが付く、弟を奈良の仕事に行かせたので今のうちに出て行きなさい、幸福になりなさいと言って下さいましたので、後のことは考えず、少しの荷物を持って家を出ました。

すぐ住み込みで喫茶店に勤めました。ある日、お店で足りない物があり、買いに出掛けて帰ったら、店の前で中を覗いている人がいて、その人が夫と気が付き、心臓が止まるほどビックリして、急いで裏口から入り、ご主人にお話しして店を辞めることにして頂き、支度して裏口から出て逃げました。

三度目に、大きい喫茶店に勤めた時のことですが、偶然にもお客様が以前の美容室の社長さんで、呼び止められ話を聞くと、泥棒騒ぎの犯人は私ではなく通いのインターンの人だったそうです。私を捜したが見つからず、どうしてもお詫びを言いたかったそうで、床に土下座をして詫びられ、そしてまたお店に帰ってほしいと言って下さいました。本当に胸のつかえが取れました。嬉しかったです。できたらやりたい仕事でしたが、今、夫から逃げる生活ですので、またご迷惑をお掛けすることになると思いお断りしました。

この店も広い店で、住み込みの方が何人かいて、その一人の方が私にとても良くして下さり、夫に似た方が来た時など、代わって下さり優しくして頂きました。ある日、その人と休みが同じでその方の友達が来たので、「私の部屋に来て」と誘われ、友人の部屋に行くとUさんという男性がいました。私は聞き役になり一緒に楽しい一時を過ごしました。そうこうして何度か友人の所で話をしたある日、Uさんが、私のお休みの日に私の部屋に来て、「私と話をしたい」と部屋に上がって来て、私のことが好きだと言われ、付き合ってほしいと言い出しました。私は今の状況を話して帰って頂きました。その後、また私の部屋に来て「事情はよく分かった。それでも好きなので付き合ってほしい」と言います。私は男の人からの性暴力で苦しんだので、男の人とは付き合いたくないことを伝えました。「僕がきちんと治してやる。時間がかかっても僕が癒やしてやる」と、とても熱心な気持ちが伝わりました。女性は沢山いるのに、私でなくても、友人が好きなのではと聞いたら友達だよと言いました。「近々来るので返事を下さい」と言って帰りました。その頃は、まだ外に出ると夫が捜しに来て、いつ見つかるかビクビクしていました。休日も必要がある時以外は出掛けることはしませんでした。大きな喫茶店なのに、似ている人がいるとサッと他の人と代わってもらいます。度々です。本当に緊張の連続の毎日でしたので、Uさんが旭川市に帰ると聞いていて、「一緒に来てほしい、必ず貴方を守るから信じてほしい」と言われ、心が動きました。優しい人と判っていました。前の人とは違うこと、「こんな私でいいの」と聞きましたら「そのままでいい、今までの全てを捨てて身一つでいい」。何もないので三日後には店を出ました。

旭川に住むことになり、彼の実家の近くのアパートに住み、新しい生活を始めました。彼の仕事と住まいも何度か変わり、その時、妊娠していることがわかり彼に話すと、産んでほしいと言われて、その時二十歳になったばかりで悩みました。避妊していたのですが、以前の堕ろした子供に対しての罪悪感もあり、産むと決めても心の中の不安が消えることが無く、ツワリがひどく食事も食べられず、寝ている時間が多くなり、それでも彼は子供を楽しみにしてくれて、私の食べられる物を探して買ってきてくれました。彼の優しさ、今までに無い幸せに心が満たされました。

八カ月目から食事がとれるようになり普通の生活ができることと、お腹の赤ちゃんが元気に動き、幸せと素直に喜ぶことができました。無事十一月十五日に女の子が生まれ、元気な子で安心しました。病院を退院して家に帰ってきて一カ月が過ぎたある日の夜八時頃、玄関を激しく叩く人がいて、夫が出て戸を開けました。土足で家に入って来た人の顔を見て、私は血の気が引いていきました。手にドスを持った前夫でした。「女房を寝取りやがって。この落とし前はどうつけてくれる」まるでヤクザです。私はとっさに赤ちゃんを夫に預けて、もう逃げる生活はいやと思い何か腹が据わり、「私が憎いのなら私を殺せ」と彼の前に行き立ちはだかりました。命を預けた時、子供が火がついたように泣き出し、夫は「女房を殺して子供はどうなる、あんたは刑務所に入るのか」と大声で叫びました。すると自分も赤ちゃんの時、母が亡くなり、親戚の間を転々として大きくなったことを思い出したのだと思います。ドスをテーブルに突き刺し、戸を強くガチャンと閉め帰って行きました。その後、私はその場にベタンと座り込み、腰を抜かし立つことができませんでした。夫は本当に私と子供を守ってくれ感謝の仕様が無い気持ちでした。

その後、家裁から呼び出しが来て離婚の話し合いで家裁の方が、「こんな場合は相手の面子があるので長引くことが多い、あの人とは一日も早く縁を切った方が良い、お金を出せば面子が立つでしょう」と言われ、兄から借りて支払い、やっと離婚ができました。あの人から逃げる生活が終わったと、心の底から安心して涙が出て止まりませんでした。

離婚　昭和四十一年七月六日

入籍　昭和四十二年四月二十四日

その後も相変わらず仕事も住まいも転々とする生活をしていました。まだ一人の人間として母親として何もできない私が、子供を育てるのは大変でした。夫はとても見栄を張る人で、私に喜んでもらいたくて無理をしていることが、その当時の私には判りませんでした。子供が生まれても生活費以上のお金を使い、家賃が払えなくなると引っ越して、転々と住所を変え、仕事も変え、友達ができたと思ったら夜逃げ、また引っ越して、良い会社に入ったと思ったら物を買って前借りをして住まいを変える。夫は私にお金を預けませんので、買い物もいつも一緒でお金の支払いをしてくれますので、お金の管理ができず、私も娘も心が安まらない生活でした。

娘が五歳半頃のことです。家に借金取りが何度も来るようになり、夫は家に帰って来なくなりました。どうしようもなく居留守を使いますが、電話は何度も鳴り、家の玄関をドンドン叩きます。二人で怖くなりうずくまっていました。夜も明かりをつけず懐中電灯を必要な時につけます。そんな日が何日も続きました。そして、借金取りのいない隙を見て夫は帰ってきて、そのまま車に必要なものだけを積み、北海道を出て箱根湯本で芸者をしている義姉を頼って、夜逃げ同然で、箱根湯本で部屋を借り、ひとまず落ち着きました。

一人になると私の人生どうしてこんな人生なのか、いつまで続くのか不安でしたが、子供の明るさに助けられ、シッカリしなければと思い、自分の気持ちを隠して生活をしました。私が働いたこともありましたが夫は時間に厳しく、迎えに来ていて少しでも遅れると怒り出し、喧嘩になり気まずくなり、子供が気を遣い可哀そうで、もう仕事はしないと宣言しました。そこで、「どんなに困っても貴方が二人を食べさせてよ」と初めて夫に私の気持ちをはっきり話しました。その後何日かして義姉が、スポンサーに大きな家を借りてもらい、私達と一緒に住むことになりました。私が掃除や食事の支度をして、同居することになり引っ越しました。その後、私に相談もなく北海道から義母を呼び一緒に住むことになりました。義姉と義母は夫ととても気が合う人達です。広い家でしたので私はどうとも思いませんでした。近くに小学校もあり、娘も一年生になりました。親はフラフラしていましたが、娘はシッカリ育ち、学校でもクラスのお世話役をやり、今までになく生き生きとして学校に通い、本当に良かったと思いました。後で知りましたが、夫の父は戦争に行き結核になりました。片方の肺を取ったため体が弱くて、若い時から義母が仕事をして家計を助けたそうです。歳をとってからも、土方などしていて何かにつけて夫にお金を出してあげていたそうです。後で知りました。

同居してから義母は晩酌が好きで毎晩長い時間飲み、お酒に酔い、私に愚痴をこぼすようになりました。夫はそれを知っているので、食事をすると、すぐ部屋に行きます。義母はお酒を飲み過ぎていない時はとても気さくな人です。ある時、義母の会話の中で夫が生活費の不足分を義母から貰っていることが初めて分かりました。そんなことがあり私に愚痴を言いたくなり、毎日ここに座れと言われ聞かされます。夫と話をして、もう義母からお金を出してもらうのを止めてと頼み、「必要な物は、お金を貯めてから買うことにして使い方も考えてやり繰りするからお願いします」と伝えました。それでもまったく変わりません。私も疲れ、義母にお願いがありますと前に座り、両手を床に付け頭を下げて、もう夫にお金を出さないで下さいとお願いしました。夫の働いてきたお金で生活しますので、お酒を飲み愚痴を言うのを止めてほしい、義母が一生懸命働いてきて歳をとり、疲れて言いたくなる気持ちはよく判ります、でも夫が義母達に頼っていたら義母が年老いて先に死んだとき、夫が苦労します、頼る癖が付いてしまっているからです、夫を男にして下さい、とお願いしました。翌朝から三人の様子が少し変でした。その日の夜から私と一緒に食事をとることは無くなり、私が食べた後、義姉の部屋で皆が食べます。子供も私と一緒に食べなくなりました。仕方がない、私が言ったことが気に入らないのだろうと思いました。私一人が除け者でした。本当に生意気な嫁です。私が育った環境とあまりに違い、理解することができなかったのです。

二カ月以上そんな生活の中、段々と身体も心も辛くなり疲れて、そして体が重くなってきました。起きれなくなり涙が出て食事もできなくなりました。寝ても目が覚めても涙が出て止まらず、そんな私のことを夫と義姉達で話し合い、札幌市に住んでいる私のすぐ上の姉と相談して帰すことになりました。立つこともできなかったので羽田まで夫が車で連れて行くとのことでした。義母達と話し合いをして決めたそうです。札幌に帰る前の晩、娘と話をして、私と一緒に北海道へ帰ろうと話したら、その時は娘に、「今学校が一番楽しい、今まで友達ができてもさようならも言えず別れてきた、私はいつもとても寂しかった、引っ越しするのは嫌、パパも引っ越しはもうしないと言った、この家も好き」と言われ、その時の娘の気持ちがよく解り、私もそうでしたので、「でもパパはすぐ引っ越すよ」と言うと、パパは約束したと繰り返しました。そう言われ、子供の気持ちがよく解り、無理に連れ出すことができず諦めました。この子も私が至らないために苦労を掛け不幸にしてしまう。本当に辛い気持ちになりました。後で実家の姉に聞いた話ですが、子供はその年の夏休みに義母と一緒に北海道に帰り義兄の養女となり転校をさせられていました。

私の姉が千歳空港へ迎えに来て下さり、私の様子を見てびっくりしました。いつも元気な私しか見ていなかったからです。気力も無く子供と離れ、どうして私はこういう人生を歩まなければならないのか悩みました。

姉の支えがあり、一カ月くらいで自分の足で歩ける気力も体力も付き、私の実家に帰ることになりました。そして離婚届が来て離婚をしました。その足で夫の実家に寄り、挨拶とお詫びと報告をしに行きました。義兄は留守でしたが、義姉から義兄が「義母を小田原に行かせたのが悪かった」と言っていたと聞きました。私は夫がすぐ子供を手離すと思うので、その時は私に知らせてほしいと、私の実家の住所と電話番号を書いたメモを置いてお願いして帰りました。子供と暮らす日を楽しみにして生活できるように、母親としてしっかりしなければと思いました。

実家では姉から私が帰ると聞いていたらしく、実家に近づくと、父が家の前に出ていて私の姿を見て走るように駆け寄りました。父は「よく帰ってきたな。あの男は駄目だ、別れて良かったのだよ」と言って、優しく受け入れてくれました。どう親に話をしようかと考えていましたので、ホッとしました。子供を置いてきたこともあり、父は子供好きですので、何を言われるのかと思い一番気が重かったことで、こんなに優しく迎えて下さり、緊張が取れ涙しか出ませんでした。翌朝父は仕事に行きましたが、母に私の話をしっかりと聞いてやれといって、仕事に出掛けたそうです。父の気持ちが嬉しかったです。

その後、旭川からなんの連絡も無く半年経ち、子供の誕生日のプレゼントを買って送りましたが、戻って来たので夫が受け取らないのかと思い義姉に電話を掛けて聞いたところ、夏休みには義母と帰って来ている、そして子供は実家の家の義兄の養女として戸籍に入れたとのこと。その話を聞いて、私はこんな女だけど産みの親なのに、何の知らせも無く入籍したのだとショックで言葉も出ませんでした。私の生活を考えて下さったと思いますが、話をしてほしいと思いました。今から揉めて子供に辛い思いをさせることもできず、その当時は泣き寝入りするしかありませんでした。

何故、私は男性と上手くやっていけないのか、二度も離婚し子供は取られ、何が悪いのか、こんな人生でどう生きていけばいいのか悩みました。またこの先何があるのか。

離婚　昭和四十九年六月二十四日

S氏（最初の夫）に対しての内観・反省

私を友人たちのいる所で、性暴力で苦しめられた者ですので、思い出したくもなく、とっても苦しい内観となりました。内観・反省に入る前に家で内観をしましたが、相手を責める思いばかり出てきて苦しくなるばかりでした。人間として、社会人として出発しようとしていた時でしたので、その後、私の人生、男性恐怖で苦しみました。その後の人生の中で、潜在的に出てきて本当に苦しみ、その後出会った方にも、嫌な思いをさせてばかりいました。

内観・反省とは、過去のバイキンによって膿んだウミを絞り出す行為と、本に書いてありました。この出来事は本当にそうで、苦しくて苦しくて大変苦労し、時間が掛かりました。

内観・反省は、

○お世話になったことは何か。自分の立場で出来事を調べる。その出来事を相手の立場になって調べる。それが大切です。

○お返ししたことは何か。

○ご迷惑をお掛けしたことは何か。相手の立場になって調べる。

言葉を使い、頭で答えを出すことは簡単です。しかし、それでは内観になっていない。

S氏の場合は、辛くて非難の思いばかりが出てきてしまい、内観が進まず、私の後の人生のほとんどに、潜在的に出てきて苦しめられた人ですから、神の立場で調べることにしました。相手の立場に立って見るために、彼の子供の時の境遇に思いをはせ、理解しようと集中して努力しました。私はいつも父母の側で仕事の手伝いをしていろいろ学びましたが、彼は赤ちゃんのとき母に死なれ、お父さんは三人の男の子の面倒を見ると仕事はできず、赤ちゃんの彼を親戚の家に預かってもらい仕事をしたそうで、彼は親戚の家では邪魔者扱いで親戚の家を転々として大きくなったそうです。彼はそれが判らず、愛が欲しくて、寂しくて、人との接し方が判らないまま大人になった。話下手で、短気で、彼の心の中に済まない思いがあるのに表に表すことができず、酒で誤魔化す生き方をしていたこと。私はお手伝いさんをやっていました時、礼儀作法の厳しい所で躾けられたため、彼の前では心を見せられなかったので、なおさら怒らせ、愛で支えてあげることができなかった。悪い人ではない、寂しがりやで愛情に飢えていた、一緒にいた期間のことを思い出しながら、彼の気持ちをどうしてあげれば良かったのか苦しいくらい考えました。

神の立場で調べてみましたら。何故出会ったのか、私は、その出会いから何を学ばなければならないのか。出会いは偶然ではない。助安由吉先生の本『生まれ変わりの真実』を思い出して、こんなヒドイ出会いで何を学ぶのだろう、心を静かにして自分の中に問いつづけますと、私のカルマ、性を悪との思いが強く、十七歳で初潮が始まり、頭では悪と捉え身体はホテリを感じ、感受性が強い女の子であったことを思い出し、身体と心のアンバランスで葛藤していて、知らずに性ホルモンなのか性エネルギーなのかが私から出ていて、私が引き寄せた、そしてそのことは人生計画のひとこまであったこと、野放しにして生活していると、今生の私の役目が果たせないので、彼に出会い性的な歯止めをして下さったことに気付き、悪魔から恩人に変わりました。こんなひどい約束を果たして下さり、私の為に、頭ではなく心の良心で気付かされました。それなのに彼を恨み毛嫌いし傷つけ、本当に済まない気持ちで今頃気付き、彼の人生を汚してしまい懺悔の思いで心が張り裂けそうでした。以前、助安先生に聞いたことがありますが、人生計画の出会いも、その方と出会いがあっても、約束を果たさないことも沢山あるそうで、彼はこんなひどい約束を守って下さいました。私が彼の立場だったら、こんな人生の約束は絶対に守らない、果たすことはしない、私なら逃げることでしょう。でも彼は、あの世での約束をこの世でしっかり守って、果たして下さいました。性エネルギーを正してくれ、今生の人生を間違わないように、正しく道を歩いていくことができるようにするための出会いだと気付かされ感謝の涙が溢れて止まらなくなりました。そして私の中を、神様がそうだ、よく気付いたねと、凄いエネルギーが頭から足まで流れて身体がビリビリし、温かく溢れる涙も熱い涙でした。一時、神にいだかれている感覚で何か私の胸のつかえが取れ、体と心が軽く心の中の汚れが無くなり、心が光り輝いているようでした。

三十八年間こんな汚れを抱えて、人生をやっていたのだな〜、彼に感謝のお祈りをさせて頂きました。その後、家に帰っても一週間ぐらい感謝の涙が続きました。内観に行かせて頂いたこと、本当にありがたいことでした。彼は私の人生の一番の恩人となりました。

○お返しをしたことは何か

お返ししたことは何もなかったです。ただ毎日、彼の幸せと感謝の思いを祈ることをつづけました。その後、私の友人からの電話で、彼が結婚していて奥さんと子供と一緒だったそうで幸せそうでしたと知らせて頂き、私もとても嬉しくなりました。あの嫌な約束を果たして下さった方ですので、幸せになってほしいと心から思いました。本当に有難うございました。

後で気付いたことですが、最初に彼から逃げ出すことはできたと思いますが、それができなかったのは、私の劣等感の裏返し、プライドが出ていたこと、服が破れても、裸で逃げることもできたのに恥ずかしいと思うプライドが出てしまい、彼の人生を苦しめた。周りの人達にも嫌な思いをさせてしまったこと、五感の目で見られる現象で自分を守ってしまった、この学びは大きな学びでした。

U氏（二人目の夫）に対しての内観・反省

○お世話になったことは何か

性に対しての恐怖心を取り除いて下さったこと、それからの人生、随分と男性に対して接し方が変わった。時間をかけ女性として感じる身体にして頂き、その後の人生が大きく変わったこと。本当に感謝の思いです。それと転々とした暮らしをしていたので、その後どんな場所でも暮らしていくことができ、辛抱する生活ができるようになりました。その後の人生にとって大きな経験でした。

○お返ししたことは何か

可愛い、しっかりした娘を産んであげたこと。婦人警官になっていました。一度会いたいと電話しましたが、会うことはしませんでした。育てて頂いた人が母です。電話を切ることはしませんでした。本当は会いたかったようですが、

育てて頂いた義母への思いやりの心が伝わってきました。優しい娘に育ってい
て私の心が温かくなりました。結婚して二人の息子が生まれ、長男が自閉症で生まれたとのこと、私達の生き方が娘の心に負担を掛け親の責任です。娘は平気な感じでしたが、心が傷つき自分の子供に出てしまいました。本当に済まない気持ちでいっぱいでした。

○ご迷惑をお掛けしたことは何か

義母に対して生意気なことを言ったことです。私とは違う苦労をされ、三人の子供を育て、体の弱いお父さんの代わりになって働き、一生懸命男性のように働き生活を支え大変で自分のことを考えている時間など無かったことでしょう。それでお酒を飲み、心と身体を癒やす生活だったのではと、今の私なら解りますが、その当時は思いやることができず、それを愚痴ととらえ、聞き流すことができず、自分の立場ばかり考えている小さな私でした。心からお詫びを

させて頂きました。

○神の立場

内観していてわかりましたが、U氏にも人生計画を実行して頂き、その後の人生が随分と楽になり度胸が付き、人生を少し味わうことができるようになったことは、私にとって大きい進展でした。出会い、子供を産み、少しですが育てる経験をさせて頂き、有り難く、感謝の思いでいっぱいです。私との人生計画を実行して下さり、出会って下さって有難う、私の人生になくてはならない人となりました。また、身の丈で生きることも反面教師として学ばせて頂きました。神様、有難うございました。

娘に対しての内観・反省

○お世話になったことは何か

お腹の中にいた時から思い悩み苦労を掛けてしまい駄目な母でした。栄養も取れずにいましたが、元気に生まれてくれて、逆にどれだけ救われたか分かりません。大人になった顔をまだ見たことはありませんが、元気で婦人警官になったとか、人の為の生き方うれしくなりました、生まれてきてくれて有難う。

○お返ししたことは何か

何もありません。私が頂いたことばかりです。本当に駄目な母親で、神の前で何度もお詫びをしました時、（お母さん、私が母を捨てたのです、お母さんがこれからやることの荷物にならないように私が母を捨てました）その思いが身体に流れてきたときは、涙々で止まらず、胸が熱くなり私の心の重荷を、やっと下ろすことになり心が軽くなりました。内観をしなければ分からない体験でした。こんな私ですが、娘の人生計画を無駄にすることがなく、私の役割を実行して、人生を終わりたいと強く思いました。

○ご迷惑をお掛けしたことは何か

引っ越しで辛い思いは私だけみたいな考えでしたが、小さな娘の心を苦しませて最後の時まで気が付かず、本当に心からお詫びしました。娘の子供の自閉症が早く治りますように、娘には今も、毎日朝晩お祈りをさせて頂いています。

○神の立場

娘も人生計画の通り実行して下さいました。心の弱い母を捨ててくれて、現実は本当に寂しい思いばかりさせてしまいました。感謝の気持ちでいっぱいでした。陰ながら母として娘の幸せを心からお祈りをさせて頂きました。本当に本当に有難うございます。

いつかお会いすることができますように。

実家に帰ってから心が癒やされたので、少しずつアルバイトをしたり、友達と一緒に遊びに行ったり、酪農家の家にお手伝いに行ったりして一年間経ってから、札幌に居るすぐ下の妹がいろいろあり、私と一緒に住むことになり、札幌に部屋を借りました。妹は育てるのが大変で、里子に出すことになりましたが、里親が妹を見て、身体も小さくて、代わりに私をもらいたいと言われたそうですが、父が断ったと聞いています。食べ物が無く育った子ですので結核にかかり、学校も一年遅らせ毎日布団の中で運動もできず、猫が友達で、家族以外会うことが少なく育った子でした。社会に出てから弱い人、可哀想な人を見ると何とかしてあげたくなり、自分のことも考えずに行動をする子で、男性のこともいろいろありまして、私が側で見守ることになり、一緒に住むことになりましたが、私はお手伝いさんをして少しは、躾が身に付いていたので、妹は堅苦しく感じ、すぐ退屈になり男性の所へ出ていきました。

私は洋風のレストランでウエイトレスとして勤め、三カ月くらい経った時、上司に和風の部門を作るのでその店長になってほしいと言われ、私はまだ新入りなので他の方の名前を出して断りましたが、一緒にやる板前さんからも、ぜひ私にとのこと、客の接し方がいいので受けてほしいと言われ、お受けしました。三十〜四十人ぐらいの客数で、忙しく、目標はすぐ達成しましたが、休みは疲れて寝るだけでお金を使う暇も無く、チップも入りますので二人で分け、板さんも喜んでくれましたが、何か私の中でしっくりしませんでした。

そんな時、お客様からお金を出してあげるから自分のお店を持ったらと、話がありました。私はすぐ下の妹を何とかしてあげたいといつも思っていました。水商売は妹が経験済みでしたので何とかなる気がして、お受けすることにしました。四百万円を出して下さり足りない分は、道の貸付金を借り、妹と始めました。居酒屋を始め、忙しくなった頃、妹がいろいろあり朝まで営業しましたので一人ではできず、スナックに切り替えることになりました。カウンターだけの店で一人になってもできます。前の店から来ていたお客様がそのまま来て下さり、公務員や銀行員の方が多く、妹は若い時から水商売の経験が多く、お客様を遊ばせることが上手で、とても喜ばれました。私はお酒を一滴も飲めないので大変でした。お客様に好きと言われたり身体を触られたりすると、また男性恐怖症が顔を出し、初めてのお客様にお酒を掛けて帰れと叫んでしまい、お客様は面白がっていましたが、私は真剣でした。お金をもらわなければお客様ではないと言って帰れと追い出しました。

今考えると、本当に横柄な商売をやっていたと反省致します。来て下さった方に嫌な思いをさせていて、でもそれがかえって健全な安心して飲めるスナックになり、家族を連れて飲みに来て下さるお店になりました。それでも心を許せない男性が相手の生活です。段々店に行くのが辛くなり、土日が休みの時は一人で山登りに行き、気が向くと、山で寝袋を使い、星や雲を見ながら野宿をしました。大地や自然が私の心を癒やしてくれて、心を切り替えて仕事を続けていきました。お客様にも一切店以外では会うことは無く、四年くらいは電話番号も知らせませんでした。その中で、三名の男性のお客様が私に絶対手を出さない、一人では会わない、出掛ける時は、妹と二人でと、その方達が決まりを作り遊びに行くことになりました。それならと思い、少しずつ出かけるようになりました。仕事以外の付き合いができるようになり、楽しさを少し知りました。今でもその友人に感謝をしています。そして山登りも家庭を持った男性の方二名が同じように手を出さない約束で、妹と四人で山小屋に一泊して楽しい一時を過ごさせて頂き、またスキーに行く仲間もでき、私の心の中で少しずつですが男性に対しての恐怖症が取れて、本当に楽しい生活ができるようになり、明るく心から冗談を受け流せる私になりました。本当に多くの男性にお世話になったおかげです。

男性恐怖症の私が水商売をすることは辛いことでしたが、地球の人口の二分の一が男性です。それをクリアにするための人生計画であったことも、後で解りホッとしました。関わって下さいました方々に心より感謝します。有難うございました。特に山登りは一歩一歩登って行くうちに心の中の苦しさを少しずつ取ることができ、山の頂上に着いた時は心も頭の中もカラッポになり、たくさんのエネルギーを頂き元気に帰ることができました。

そんな思いで店をやっていたのですが、春山でピッケルの使い方を練習している時、氷で飛ばされ、下にはクレパスがありそこを通らないと帰れず、落ちたら命が無くなる、何とかしなければと思っていた時、目の前に大きな岩が見えて、とっさに両足で体当たりして、スピードが緩まり、そのおかげで、先に二人の男性が下りていて、クレパスの手前で止めて頂き、死なずに済みました。スピードが出ていると止めることができなかったそうです。止めて頂いたすぐ前がクレパスでしたので、そのままクレパスに落ちたら粉々になり、遺体は見つからないそうです。滑落して七カ所の捻挫と尾てい骨にヒビが入り、わずか一センチの差で、下半身不随を免れました。歩くことができなくなるところでした。三カ月間、仰向けに寝ることができず、座ることもできず大変苦労しました。また交通事故で神経を痛めて七カ月入院しました。発作が起きる度、それを止めるため、脊髄に抗生物質を打ちアレルギーになり、皮膚科に通いました。そしてスキーで左の足首の細い骨を骨折して三カ月入院しました。

今思えば、暗い思いで生活をして周りの人達に知らずに、悪い思いのエネルギーを出し、ご迷惑をお掛けした結果が、私に出たことだと知りました。良い種をまけば、良い結果が出る。これが宇宙の法則、原因結果の法則であったこと、後で助安先生の本と内観で知りました。体験を通して知ったことは、後の生活に役に立ち、理解ができ、修正ができるようになり、人のせいにすることが少なくなりました。入院中、妹がお店をやって下さり、心から感謝していま す。

そんな中、お店も九年目に入った頃、私の心の中から病院で介護の仕事をしたいと思うようになり、妹に、この店あげるから自分でやってほしいとお願いしましたが、嫌と言われ一人でやりたくないと断られました。そんな時、お店が入っているビルの一軒から出火して、私のお店も火事になり焼けてしまいました。幸い十日ほど前に、私の山仲間の一人が保険の営業をしていて、今月のノルマが一軒分足りないので入ってほしいと言ってきたばかりで、額は大きくないのですが保険金の支払金がありとても助かりました。スナックの仕事も辞め、半年間休み、洋裁学校に通い洋服を作り、初めて自分のやりたいことができ、楽しい一時を過ごさせて頂きました。後で気付いたことですが、今でも下手ですが自分で作った洋服を着ています、人からオシャレと言われますがオシャレのつもりはなく、自分の心の中を考えて見ましたら分かったことは、子供の時、三歳年上の姉のお下がりばかり着ていて、姉は大きな体でいつも丈を縫い止めして着ていたので、その当時は当たり前でしたが、新しい洋服を買ってもらう姉と妹が羨ましいとの思いがあったことが解りました。無意識に、心の中に蓄積していました。だから自分の身の丈にあった洋服を着ていたかったことが判りました。少しずつですが自分の癖や習慣を見直す必要があることに気付き、沢山ありますので直していけたらと思います。

店を辞め半年後、病院で病人の介護を二年くらいやりました。介護の仕事をしている人は、私のような気楽な人はいませんでした。母子家庭の方が多く女性ですので、いろいろな方がいて仲が悪い人が多くて、でも私は一度もいじめを受けたことがなく、どこの病院に行っても看護師さんから大切にして頂きました。患者の付き添いですので睡眠時間は短くて、体がきついですが、病気の人が一番大変な時、お世話ができ、病気が良くなっていくのを見ることができ、感謝され、喜びを頂けるお仕事でした。介護を通して、人生とは、人間とは、命とは、死とは、家族の在り方とは、お金とは、学ばせて頂いて、本当に貴重な二年間でした。何故かまた、私の心の中からもうこの仕事は終わりだなーという思いが出てきましたので終わりにしました。
そして以前、お店をやっていた時出会っていたM氏と結婚の話が出てきました。この方は、今まで関わった男性の中でとても温厚な方でした。初めてお会いした時も、以前どこかでお会いしたことがある人だなーと、とても近い人と感じていました。それでも以前みたいなことの無いように、占い師の方に名前を言ってみて頂きました。そうしたら二人で楽しそうにテーブルを囲んで遊んでいると言って下さいましたので、安心しました。今までのこと全てを話して、それでも良いと言って下さり、結婚しました。
入籍　昭和六十二年六月九日
彼も転勤の時期で中標津町に行くことになり、新天地での生活が始まりました。始めは二人共一人暮らしが長かったので、少し疲れた時に私は、一人で山に行かせて頂いたり、車の免許を取らせて頂いたり、今までに無い幸せな生活をさせて頂き、初めて給料も彼が使う分以外のお金を出して使っていいお金だよと言って渡して下さいました。今まで味わったことの無い幸せを感じていました。この人を最後まで私が看取ると心に決めたものです。お酒が好きで、私の夜の料理を見て飲み物を楽しそうに決めたものです。いつもニコニコお酒を飲む人で、以前のS氏とは人格が違いました。冗談を言って笑わせて下さりとても気持ちが楽でした。一度妊娠しましたが、歳のせいか流産しました。貧血が残り子宮キンシュがあり四十四歳になっていましたので、薬を使い子宮を小さくすると、キンシュも無くなるそうでお医者さんの指示に従って薬治療を半年行いました。子宮キンシュは無くなりましたが、その後ホルモンのバランスが崩れて血圧が下がったときは、三日くらいフラフラして大変でした。結婚して一年くらいして義母が腸に癌が見つかり、その後肺に癌が転移していて、その病院では、女性はタバコを吸わないので肺の検査をしなかったそうで、見つかった時は手遅れになっていました。

私は義父と義母のお世話のため、紋別に通い、その後間もなく義母は亡くなりました。その後、義父のお世話をするため、紋別に家を買い、食事の支度をさせて頂きました。始めは義父と同居するつもりでしたが、義父は一人が良いと言われ、私は食事の支度をして義父の家に持っていくのが仕事になりました。夫は単身で根室市に転勤となり金曜日の夜、帰ります。月曜日の朝早く出かけます。私も時々根室に行きます。義父が胆石の手術をした時、私が付いていてお腹の痛みがあまりにも強くなり、先生に検査をしてもらい、腸が傷つけられ消化液で肛門が駄目になったそうで、再手術をしました。義父は肺もとっていて力が無く、気管に痰を詰まらせ、喉も切開して声が出せなくなり、一度、私の家に帰ってきましたが、すぐまた入院して亡くなりました。私はすることが無く四十半ばで、テニスをしたり洋裁を家で教えたり、畑を作りできた野菜を友人達に持って行ったりして時間を使い、今までの人生で時間とお金の余裕がありこれが幸せと言えるのか、こんな人生で良いのか、そういう思いが出てきてしまい、考えても堂々巡りで結論が出ないまま月日が流れました。そんな時、夫が若い時仕事でレントゲン車の運転をしていたそうで、その当時は放射線で被曝する予防を考えていなくて、白血球が多くなったそうです。その話は今まで聞いていなくて、身体が少し太ったのかなと思っていましたら、むくみ出し、病院に行こうといっても、大丈夫だといって行きませんでした。二、三日した時、すごいむくみですぐ病院に行ってと頼んでも行かず、夫の友人に電話をして来て頂き、連れていってほしいと頼み一緒に病院に行きましたら即入院しました。一晩で十リットルの水が体から出たそうです。原因は心臓肥大で血液のことも言われました。持って二年くらいの命とのこと、もう一度水が溜まれば持たないかも知れない、と言われました。夫の死んだ後のことを考えてしまいました。夫に仕事を辞めてと頼みましたが聞き入れてくれませんでした。時間があれば友達とテニスをして、時間つぶしをして、何かで埋め忙しく過ごすようになりました。無理をして膝の軟骨が傷つき痛みがひどくなり手術して内視鏡で軟骨を削り取り、その日のうちに家に帰れました。片方ずつ手術をしました。

　その後、夫が札幌に出張に行き帰ったとき、一冊の本を持ってきて一カ月くらい置いてありました。ある日、私が気になって読んでみましたら、その研修に入りたくなり、今の私が変われる気がして、夫のＯＫを取り一週間の研修で千葉に行きました。まだ膝が良くなっていませんでしたが、無理に使っていました。かえってシッカリ動くようになりました。一週間が終わる日、少し熱が出てきて、東京駅に着いた時は歩くのにも力が入らず、仕方がないので、近くのホテルに入り、事情を話して泊めさせて頂きすぐ寝ました。翌朝九時くらいに起き飛行機で北海道に帰り、家に着いた時はだるさもとれ、あの熱は何だったのかと不思議でした。

　一週間くらい経った頃、まだ新しい家なのに家の掃除をしたくなり、始めだしたら体の中から般若心経が口をついて出てきて止まらず、ただただ口から出るままにして掃除をしました。以前も扁桃腺が腫れて熱が出てきて、夫は根室でしたので、昼過ぎからふとんに入り、飲み水を用意して寝たことがありました。翌日昼頃、目が覚めると高僧や、多くの人達や、女性や男性のお経の声が休みなく続き、何処から聞こえてくるのか不思議と思い、布団から出て歩いても般若心経は聞こえてきて、家の中じゅう声の出どころを探してみましたが、私の周りで聞こえてきました。段々と声は小さくなってきましたが夜寝るまで続きました。何か祈りで守られている感じで、とても心地良かったです。そんな経験をしていましたので、二日目も残りの掃除を始めましたら同じで、止まらずお昼頃で終わり、イスに座って窓から外を見ていた途端に、窓から強い光が入って来て、目で見える景色や残り雪も消え、光と共に私が家の上に上がり、あっという間に宇宙空間に上がり、高い所から光を浴びた美しい地球を見ている自分がいました。その時は身体がなく意識だけの私でした。その時（目に見える物全て消える、お金も物も肉体も病気も無い、そして必要なものは全てある）その言葉が私の身体に入ってきました。その時は心地良く上から地球を見

掃除が終わり
イスに座りほっとした瞬間
窓からまばゆい光が
私に向かって来て
光に包まれた。

あっと言う間に地球の外へ出ていて
目で青い地球を見ていた。
目に見える物全て消える
お金も物も肉体も病気も無い
そして必要なものは全てある

ていて感動していましたが、すぐスーッと肉体に戻って気が付いたら家の中で、元の状態で空を見て座っていました。今起きたことは何だったのか、すぐ理解ができませんでした。魂だけが宇宙に上がったことだとやっと判り、私が研修に行ったからなのか、と思いました。そして目に見える物、全て消える、お金も物も肉体も病気も無い、とはどういう意味なのか考えてみました。肉体は地球上で魂の修行のため必要であり、生活に必要な物は、どんな人にも用意されて生まれてきた。しかし欲が出たり、無駄をしたり、心配してそれに気が付かないで、人生が過ぎていき、寿命が来て魂の修行は終わり、死が来て魂の帰る所、あの世に行く、この世で生きてきた結果のところへ、その人が人生でどんな生き方をしてきたかが、とても大切なことで、お金や名誉や地位に、自己の為に生きてきたか、またその人の持っている全てを人の為に活かしてきたか、その生き方で、あの世はギャクテンします。あの世での人生は、この世の人生より、六倍長く、この世の人生はあっという間です。私は目で見える物全てが消える体験をさせて頂いたのだと気が付きました。その世界は今持っている物、全て消えるということ、お金も物も肉体の病気も無いので、執着するな、そして帰る所（あの世）は、必要なものは全てあるから心配するな、と私は理解をしました。研修に行った方は、皆さんこんなことが起きているのか、そうだったらここは本当に凄い研修だと思いました。

日常の生活の中で映像が見えたり、言葉が聞こえたり、災害の映像が見えたり、私がどうにかなったのか、今でもそうです、特に霊感が強いこともなく、ただ今まで自分の中からこうしたいとの思いが出て行動に移すことがありました。それは、どなたでも体験していることだと思います。気が付かないだけです。人間は、この世は、肉体を持って、今生かされていますが、寿命が来て、魂はあの世に帰り、あの世での生活をしていきます。そうして次に生まれて成長する中で、過去の体験したことが今生の人生で、ふと知恵となり、役に立ち、誰かに言われたような気がするものです。人生はこの世とあの世の共同体で、一人ひとりの生活が成り立っています。お金や物など全て整い生まれてきた方は、そのことを考えることがなく、人生は過ぎていきますが、魂の修行はあまり進まず人生が終わります。また厳しい環境の計画を立て生まれてきた方は、苦しみ悩みながら自分の心を見て気付き変えていく、生かされているとに目覚めていくことになるでしょう。今生かされている間にそこまでは行きつきたいと思っています。これは今の私だから言えることです。内観・反省をするまでは、気が付きませんでした。

霊体だけになり、夫に話しても信じてくれず、夢でも見たのかとか、頭がおかしいのでは、と言われました。しばらくの間、自分に振り回されたものです。何故私が？　そして、同じ研修に入った方から電話があり、このことを確かめるために一度参加させて頂きました。皆さん考え方がプラスになり、生活に変化を感じて良い方向に変わった方がほとんどでした。家に帰り、夫にご先祖様の為、写経をしたいと言い、お金が掛かることなので、話しましたら反対されましたが、東京へ話を聞きに行って下さいました。夫は本を持ってきた責任を感じて、行ってくれましたが、途中でこれは駄目だと言って帰ると怖い顔をしました。帰った後もだめの一点張りでした。私にしたら結婚してから、母が亡くなり次は父が亡くなり、それも病院のミスですし、その後、夫の寿命を宣告され、何か私にできることを探していたので、少しお金が掛かってもやりたかったのです。研修に行って私の身体の悪い所や血圧低下や、足を含め全て悪い所は出てきませんでした。それで本当に凄いと思ったのです。今なら研修というきっかけがあり、私の意識が変わったので身体が良くなったのです、今ならよく解ります。夫の休日の夜、食事が終わってから、また頭を下げ、やらせてほしいと頼みましたが、お酒を飲んでいたせいか怒り出し、今まで一度も大きな声を出す人ではなかったのですが、私を殴りつけ、ハサミで私の髪の毛をバチバチ切り出しました。ひどい頭になり外に出ることもできない姿でした。翌朝、食事をして台所で洗い物をしていたら涙が出て止まらなくなり、私が悪いのですし、夫は出掛けましたが、また、以前のように動くことができないようになりそうで悲しくて、病気の夫のことを考えても、ここに居ても今までのような夫婦として暮らすことができるのか、かえって苦しませ命を縮めるのでは、どうすればよいのか、私が原因を作ったのですから申し訳ない気持ちと夫に対しての怖さが出てきて、臆病な私に戻っていました。身体のこわばりと涙が出てこんなに泣くことができ、涙が出てくるものだと思う自分もあり、今だから言えることですが、人間の身体は思い方によって天と地ほどの変化があるのか、ビックリするほど身体が動かないのです、特に私の役割にはエネルギーが必要であり、それをマイナスに使ったとき身体が動かなくなります。今ならよく解りますが、その当時は知りませんでしたので、そんな時、私の内側から（出て行ってもいいよ、頑張らなくていい、出て行きなさい）と心の声がして私は、はっとして我に返りました。その途端に体が動きましたが夫のことを考えてぐずぐずしていましたら、遠くで雷の音がして、雨が降るのかと思い、どうしていいのかと思案していましたら、途端に雷が家の上でゴロゴロ凄い音がして、窓のガラスがバリバリして、私は分かりました。出て行きますと雷様に言い、最小限の荷物を持ちタクシーを呼び、夫にお詫びと出て行くことと、有難うございましたと書いてタクシーに乗り、その後、何に乗って札幌に行ったのか、飛行機なのか汽車なのかバスなのか記憶に無いのですが札幌に来たことは確かです。

　研修に入った時お世話になった方に会い、家を出て来たと話をしましたら本部に連絡して、本部で仕事をすることになり、東京の三軒茶屋で商店街の裏側にワンルームの部屋が見つかりました。お風呂はありませんが近くに銭湯があり、生活に必要な布団とテーブルを買い住むことになりました。お金はカードを作り支払いをしました。職員として何でもしました。忙しくて、今までのことや夫のことを考えている暇がなく忘れる努力をし、一年くらい経って関西支局に行くことになり、事務所は毛布一枚でどんな所でも寝るのです。いろいろな行事の度、関西と東京を行ったり来たりで、事務所にも人の出入りが多く、自分のことなど考える時間は無く、新幹線がベッド替わりです、自分の時間は一つも無く、それでも文句を言う人は一人もいなくて、その頃は皆さん凄い人達だと思っていました。ここではそれが徳を積むことで目的は人類救済ですから、私も含めて徳を積んでいるという誇りに燃えていたのです。人がやらない難しいことをやっていることの誇りで、自分の身をお祈りと行動に捧げている、その思いで何でもできました。今思えば集団の心理を上手に使い操られていたたことになります。でも組織全体を見ますと、お金を儲けることや建物にお金を掛け、人を集め易くする形ばかり作っていました。

今こそわかることですが、人類救済は形ではなく、一人ひとりが自分の中に居る神とつながることです。一人の人間の思いの力は凄く、全ての人間は全員が神とつながっています。今、生かされている人、全員です。肉体は両親から頂きます。その両親はご先祖様からつながっています。心、魂は全ての人が神とつながり、生まれる前にこの世での人生計画を立て、両親を決め、出会う方を決め、全て決め、計画に基づいた道を歩ませて生かして頂いています。今生かして下さっている方全てです。その人に必要な人生計画を立て生まれてくるのです。それが判りづらく、カリスマ性の強い人にひかれてしまいます。私もそうでした。人やお金を集めている所は、その人の家族、家庭を壊し、人々のつながりをも壊し、その方達を不幸にさせていること。入られている方、一人ひとりが一日も早く気付いてほしい、と私は離れて、心から思いました。

宗教の悪い所は信じて来ている方の自由を奪うことです。私が居た所はその最たる所です、自由な時間を奪い、判断する時間を与えませんでした。私達一人ひとりは神からのエネルギーによって生かされています。人が多く集まるほど、その方たちのエネルギーが多く集まり奇跡を起こします。教祖の力ではありません。それをあたかも教祖の力と勘違いして集まるのです。人の多く集まるコンサートも慕って集まる方の思いのエネルギーです。コンサートは一時の楽しみですが、宗教は違います。神は、神のエネルギーを悪用して純真な人々を苦しめている、そう言っています。この教祖の罪はこの世では裁判で、あの世では人を苦しめた何倍も苦しむところに行くそうです。それが宇宙の法則だそうです。人間が決めたことではないので、間違いなくご自分で判るまで償いをするそうです。間違って入っても、気が付いて学びとして生きていけば、それでもいいそうです。ですから命のある間に清算をしておきたいものです。組織は、自分の本当の心の中を見る時間も与えず、集団の行動が正しくて、いつの間にかマインドコントロールの世界に入っていく。オウムのことを知っているのに、ここは違うと自分の中に言い聞かせて、私はそんなバカでないというプライドが出てしまう。こういう世界に入る人はまじめで素直で一途で単純な性格の方が多く、私もそうでした。でも親や家族を苦しめ借金をしてお金を返さず、貸した方を苦しめ、その思いは後になってその人に必ず返ってきます。苦しめたその人が一番苦しい時に何倍にもなって返ってきます。それは人が作った法則ではなく宇宙の法則だからです。ですから、どこかでキチンと命がある間に清算をしておかなければなりません。法則ですので全て自分がやったことの結果は自分が清算しなければなりません。親や、家族を苦しめた人が、人の為とか人類救済など絵空ごとです。あの世に行って天上界何界とかとんでもないことで、今生の人生計画が台無しです。命あるうちに切り変える勇気を持ってほしいと思います。全て人生の中での体験で、その後にどう生かしていくかが、とても大切なことです。一日も早く気が付き、修正して、少しでもきれいにしておきたいものです。私はやめてから、助安先生の本を読み内観して納得できました。まだ命があるうちで本当に良かったと思います。

大宇宙を司る神様がいて、私達は今、地球上で魂の修行をさせて頂いております。そしてその中に先人たちで、イエス様や、仏陀様や、モーゼ様などがいらして、その先人たちも私達と同じ人間として、厳しい、魂の修行を終え、神との約束をはたされ神のもとに帰られた方達です、その方達をお慕いする気持ちはよく理解できますが、その方の魂の修行と、お慕いしている方の修行は全く違い、そのまねをしているだけです。私は凄いと自己満足の世界から抜け出すことができなくなり、人生が終わります。そして本当の神との人生計画を反故にして、人生のやり直しです。その方達が、私達を生かして下さっているのではなく、私達を生かして下さっている神は、全て私達人間の心の中に神とつながっています。外に求めなくても、いつも一緒にいます。お金もかからず、私もそうでしたが、心を求めないと気が付かないのが現実です。それに気付くことができるように、人生計画を立て生まれてきたのです。他からの指示は間違いが多いですが、自分の中の神からの指示は心穏やかに実行することができますよ。間違いに気が付いた時、素直になり人生を歩んでいきたいものです。私の体験です。

関西支局にいた時に北海道から電話があり、夫の家族からで夫が倒れたので帰って来てほしいとのこと。こちらに来てから夫のことは考える時間も無く過ごしていた自分があり、ビックリしました。家族から帰ってほしいと言われるとも思っていなかったのです。本部に連絡をして休みを取り北海道に帰りました。家に着くと義弟がいて話を少し聞いて病院に行きビックリです。もう助からないとのこと、心臓が強かったのでまだ命があるそうで、義妹達は最期を看取って下さいと言って帰りました。この人の最期を私が看取りたいと思っていましたので有り難いことでした。以前から腰のところが苦しいと時々言っていて、病院が嫌いな人で、今回はそこの太い血管がつまり、そこから下半身が壊疽して黒くなり壊疽が上に少しずつ上がってきていました。酸素吸入をしているので話せないのですが、私の顔を見て心から謝って下さり、よく来てくれた、済まないと言って頭を動かしました。「私が側にいるので、何にも言わなくていいので寝て下さい」と、私は夫の手を握り締めました。私の心の中で般若心経を唱えていましたら、その手を力強く握り返してくれました。翌日の朝方、静かに息を引き取りました。夫と結婚をしたのが昭和六十二年で、一度心臓肥大で入院してから仕事を辞めてと頼みましたが、辞めなかったのは、私の受け取る年金を少しでも多くしたいと思う優しさで、私は十分生活できるので要らないと伝えましたが、自分は長生きできないと分かっていました。夫の内観をしていた時も、そのことを私に伝えてきました。

夫の遺体と共に家に帰り葬儀の準備は義妹達がやってくれました。私が出て行ったことも近所の方は知っていましたので、自分がしたこととはいえ、気まずい葬儀でした。全てが終わり、その夜、義兄弟が家に来て、私を呼んだのは夫が、義妹に私が出て行った時の話をして、全て自分が悪い本を持ってきたこと、暴力を振るったことなど話したそうで、結婚生活は、本当に楽しかったと話しており私を呼んだそうです。そして財産の話をしてきて、義父母の財産は義妹と義弟が全てもらったと夫に聞いていたので、夫の分まで欲しいと言わないと思っていましたし、今考えると、もっとお金を多く渡しておけば良かったと思いました。宗教に使うぐらいなら、でもその時は、義妹の夫が大嫌いでした。以前に義母のお通夜の時、親戚に会うのが初めてで緊張してしまい、親戚の方がビールを私に持って来て、私に飲めと言われ、お酒は飲めませんでしたが一口飲んだ時、義妹の夫が「この人は水商売上がりだから、女でも飲む」と言われました。私は母の介護をしていて、疲れていてついビールを口にしてしまいました。トイレに行って悔しくて涙が出て止まらず、義母の遺体の隣に布団を敷いて頂き泣いていた時、亡くなった義母が私の手を握り締めてくれ、心を鎮めて下さいました。そんなことがあり義妹の夫は偏見が強く苦手になりました。それでも何百万円かずつ用意してありましたのでお渡ししました。少ないと思ったのか、義妹から「籍も抜いて、名前を名乗らないで、この町に住まないで出ていってくれ」と言われました。夫が市会議員の一員でしたので、私のことを恥ずかしい嫁と感じていて、義父母の介護は私がやったのにと思いました。最後はこんなことになりましたが、夫を見送ることができましたのでこれで良かったです。

休みを延ばし、不動産屋を呼び、まだ五年目の家ですが早く売りたいので本当に安く売りました。家具は、シルバー人材センターにお願いして全て持って行って頂きました。その後で、M家のお墓にお参りして、夫のお骨をお墓に入れて、北海道を後にしました。私の幸せの町にお別れして大阪に帰りました。

すぐ本部に呼ばれ、いろいろお金を納めて、そこから福井県、秋田県、北海道、沖縄県は二回、金沢など、転々とした半年から一年でした。東京と地方の支局との行ったり来たりでした。一番大変だったのは、北海道の支局長をしている時、本部に集合で、その日、沖縄県の支局長に異動が決まり、二十四時間で移動が命じられ、北海道に帰り書類を整理して、引き継ぎをし、沖縄県に着いたのは夜になり、二十四時間ギリギリでした。考える時間も無く慌ただしい一日でした。時間が無く移動は寝る時間です。何処ででも寝ることができるようになりました。宗教は「行」と言えば何でもまかり通る世界です。それはそれで人生を生かして頂くには強い体験です。特に、私のように心が弱い人間は、何があっても動じない器ができると思いました。でも反面、自分達は凄いことをやっていると他を見下し、変なプライドばかりが出来上がります。私のいたところは他の宗教とは違い、難しい経典を覚えることではないので、次々と何かをさせ、考える時間を持たせない。これが世間で言うマインドコントロールの世界でした。中に居た時は気が付きませんでした。

その後、本部の方でいろいろあり、何人かの人が逮捕され、私達は在家となり岩槻市に部屋を借り一人の生活に戻りました。やっと自分のことができるようになり、心身共穏やかで普通の人が味わう幸せを感じました。何カ月か経ち、以前の仲間から電話が来て、会いたいということで何人かで家に来ることになり、私は皆様の昼の食事作りをしました。八人来て、久しぶりにいろいろな話をしたり写真を撮ったり、心を許せる友との語らいの時間でした。その後、写真を撮った人が写した写真を持って来て、見てビックリしました。その写真には私から出る太い光の柱が写っていました。参加された皆さんが喜んでいたの

で、神様が目で見えるように現して下さったのでしょう。本当に嬉しかったです。それから来てほしいと言われますとどこでも足を運びました。

ある日、Hさんの所に一人の男性が来て治療をされるT先生が来ているので、私の足をみてもらったら、と言って下さり、時間もありましたので行かせて頂きました。私の両膝は軟骨を削って手術をしていましたので、六十過ぎたら車椅子の生活になるかも知れないので大事に使いなさいと、お医者さんから言われていたことを話し、治療をして頂きました。

もう二度と治療をしてもらいたくないほど痛い治療でしたが、翌日は痛みが引いてビックリしました。そうして動かしても何ともないのです。そして何日かしてHさんから「T先生がどうしてもあなたに会いたいので、電話を掛けてほしい」と言われ、私はもう治ったのでいいと返事をしましたら、Hさんは先生からどうしても私を呼んでくれと言われ、困っているので出掛けました。私はその時、この方の腕を借り、新しい方との出会いの場を作るのもいいかなと思いました。でもその話は誰にも話していないのに、その話が本部の人の耳に入り、私と仲良くしている人全て接触禁止となりました。理由はT先生との接触が駄目とのこと。理由を聞いても、ただT先生との接触が駄目としか言わず、始めは少し腹が立ちましたが、今が宗教から離れる潮時と思い、この時から組織との縁が切れることになりました。親しい人以外は家に来なくなりました。その後、T先生が治療の教室を開くことになり、来ないかと誘われ十人くらいが集まり、ある旅館を借り切ってレッスンを始めました。T先生は「貴方達の宗教はお金をオモチャにして遊んでいるだけだ」と言われ、本当にその通りだと納得できました。お金を使えば神様の所へ行くことができるのならば、こんな不平等は無いと思いました。来ていた方と話をして宗教での持ち物は、全てごみに出しました。気持ちがスッキリしました。

二人ずつ一部屋で先生にエネルギーを入れて頂くのですが、私と友人の部屋には二度覗きに来ましたが、レッスンをしませんでした。皆さんと一緒の時は二度ほど来ましたが、私にはレッスンをする気は無いようでした。別に気にはしませんでした。自分でやれば良いと思っていました。その中で、T先生が教室にいた生徒二人に神を降ろしていました。一人は男性で、その方はとても良い人で性格も良く、人の悪口も言わない方です。もう一人の女性は頭の良い方で、自分が主導権を持って何かをすることが上手な方でした。同じように神を降ろしたのですが、男性に神が降り、エネルギーが高くなっていて凄くて、本当に別人のようでした。英語もペラペラでその場の波動も変わり、一緒にいると心地良く、一人ひとりの過去の話をしてくれました。私のことも話してくれて、今生の人生でも偉い人で不条理な権力を使う人には、とても刃向かい、今生でも、その癖がでて、困ったことが人生で何度かありました。それは過去での出来事によって魂の中で、潜在的にあったことがその話を聞いて一瞬に甦るからだそうです。熱い涙が溢れ出て、しばらくの間、映画の一場面が見えて、こういう過去のことでも今に影響しているのか、改めて人生の深さを感じさせて頂いた一時でした。その方は、四日目ごろから少しずつ変になり自分のプライドが出てきて、良くないメッセージが口から出てくるようになりました。やはり自分の内面をクリアにしないといけなくて、神からのエネルギーは使うことができないようになっていました。私にとって、とても良い大きな体験でした。これからの人生の中で多く受け取れるよう、努力しか無い、そんな自分にしなければならないと思いました。あとで学んだことですが、私達は生まれ変わりの中で、過去から取り切れなかったカルマを持って生まれてくるそうで、今生で少しでもカルマを少なくしてあの世に帰って行く大きな役目だと聞いています。そのため、生をもった肉体と心の修行をしている人生、全て勉強だと、そして人生は旅人だと聞いています。どんな良いことでも、それに執着していると、欲が出てきますので、滞り濁ります。私の人生本当にそのもので、日本中ですが、行った先、出会った方からいろいろ学ばせて頂き、今の私がいます。そしてここでもT先生が教える学校を作り勉強会には出ますが、治療のレッスンには、私は出なくていいと言われました。

Yさんがマイホームの代表で、ある日講演会をすることになりましたが話の途中で帰る人が多く、二度目は先生が代表を交代して私にやれと言い出しました。前日に言い出し、私はどうすればいいのか分からず、その日の夜、出だしを同僚のKさんが作成してくれて少し練習をしましたが、当日は壇の上に立つとすっかり忘れてしまいました。でも自然に次から次へと口から言葉が出てきて、私も聴いている感覚で、不思議でした。帰る方は一人もいませんでした。

その後、大阪で先生が治療をすることになり、私が同行しました。ホテルで知り合いの方達を一生懸命治療された後、私に代表としてやっていかないかと言われました。その時すぐに嫌ですと言ったら、マイホームを離れることになりました。T先生の治療は本当に凄いのですが、レッスンをしても生徒さんの神に対しての心、器の違いで、治療師として育てるのが難しいのです。同僚のKさんと友達のEさんも離れることになりました。Eさんは宗教で家を出て来ており、夫から離婚されていましたが一大決心で家に帰りました。その後、私もEさんの支えになりたいと思い、部屋を借りるお金を借りて千葉県で生活することになり、海が近くて空気が美味しく、散歩して心の中まで綺麗になったようです。そんな時、以前宗教をやっていた時、助安先生の『日本民族の役割』という本を買ってきて読み、この本は凄い本だと思い、教祖に会場で聞いた時、何も答えず後でと言い、皆の居る前で答えが無くて気になっていましたので、その本を買って読み、その内容が自分の身に沁みていく感じで受け取りました。読み終わり、Eさんに話したら助安先生の本を全部買って下さり、二人で夢中で読みました。特に『生まれ変わりの真実』と『内観・反省で心を知る』を読み、せかされるように、やってみたくなり、家の中で衝立を角にたてて囲い、電気を消して自分なりに、自分の人生を振り返り内観をやってみました。

瞑想をして心を落ち着け、できることから入り、人を決め、お世話になったことは何か、お返ししたことは何か、ご迷惑をお掛けしたことは何か、できたら神の立場で考えてみましたら、その時、友達からの電話が鳴りました。暗闇で電話を取りにいく途中で、姿見の鏡が立てかけてあり、豆電球しかついていない中で鏡に映った自分の姿を見てビックリしました。頭の上から光の太い柱が立っていて、私の動きと一緒に動きます。本当に驚き、理解ができませんでした。頭に手をあてても感じません。首を振ると光も一緒に揺れます。何なのかこれはと思いました。その体験後、私の中から「私達人間は、皆、神からの

エネルギーが全員に来ていて生かされている」その人によって多い少ないはあり、気が付かないが全員に来ていると気付かされました。助安先生の本に書いてある言葉が思い出されました。私達人間はこの地球上で両親から生まれ、その肉体は自然界の営みによってできた物をバランス良く食べ、生かして頂いて肉体を温存し、心は五感から感じる目、耳、鼻、口、皮膚の働きにより良い悪い、好き嫌い、を判断しているに過ぎない、全て五感からの判断で、生かして頂いています。五感にとらわれることを少なくし生かして頂くことがベストであり、そうすることによって頭上からくるエネルギーを多く受け取ることができ、使うことができるそうです。五感からの判断は自分の価値観であり自分の判断である、私の体験したことで、頭から入ってくる神のエネルギーが目に見えないので、自分で生きている錯覚をしていました。人の為に多く時間を使う人や、大きな仕事をされる方はその分多くエネルギーを使うことができるそうです。どなたでも思いの使い方で少ないか多いかが、変わってくるだけです。

私達は神によって生かされています。私が寝ている間も心臓が動いているのは自分が動かしているのではなく、何となく動いているのは当たり前のこととして捉えていて、このことがあり神様からのエネルギーで生かして頂いていると実感できました。そうして助安先生にお礼の手紙を書き、出しましたら、熱海の駅前に、その当時、助安先生の書かれた本や言葉など展示している、心の美術館があり、そこの方から、次の内観・反省に入るようにと、先生からです、と言われ、無料で入れて下さいました。その行為をありがたく受けさせて頂きました。私は宗教をやったことで人を苦しめましたが、多くの方達に出会い学んだことは多くあります。特に古くからある日本の宗教ではなく新しい宗教は人を取り込む心理をしっかり使い、先祖を引き上げるとか、私も心を動かされた一人でした。義父母の死を見てきましたので、できるのなら私にやらせて頂きたいと思いました。自分の魂を上げるとか人間の心やプライド、他の人とは違うという優越感、また人類救済とか巧みに組み込み、お金を出させ納めさせる。私も中に入って感じたことですが、宗教に入るきっかけは人それぞれ違うのでしょうが、人間性は素直で真面目で信じやすく、世間の人は馬鹿と言うのでしょうが、人間的には心は綺麗な人が多かったです。ですから一度信じたら他の方に何を言われても中々抜け出すことができないのです、でも人の為にはすぐ動きます。特に先祖供養と人類救済に心を動かされた方は本当に多かったです。家族に反対されても、先祖供養と人類救済を、家族を代表してやっているということでお金と時間を使い、誇らしい気持ちや優越感でいっぱいでした。それが事実です。後で考えてみて、助安先生の本を読み、その中で両親や家族を苦しめていては先祖供養はできない、自分を産み育てて下さった両親を、大切にしてこそ先祖供養ができる、まずそれが先で、それができないどころか、お金を借り苦しめ心配させている、と言われ、本当にそうだと思いました。私を産んで下さった父母が一番近いご先祖様につながっているのだから、どんなひどい育て方をしたとしても、その方のカルマが出ないようにするための、親の役目を果たしているからです。そんなことも気が付けない私がいました。先ず近くの父母を一番大切にしなければ、先祖供養にならないと、私の腹の中に落ちました。二度と宗教はしないと心に誓い、人生の大きな学びでした。

そうしてもう一つ学んだことがあります。それは、自分の価値観で他の人を、良い悪いと判断しないことです。その方がその結果で学んでいくからです。どういう結果でも本人が学び修正することだからです。それが魂の学びになります。私も、今までどれだけの方に自分の価値観を押し付けてご迷惑をお掛けしてきたことか、知らないことでしたが申し訳ない気持ちでいっぱいです。また、今まで使いましたお金を、恵まれない子供に使えば少しは人のお役に立ったのに、本当に未熟な人間の私がいました。でも神は命ある間に気付き、修正することができれば良いと言われました。人間は普通の生活をしていて、私達を生かして下さっている、本当の神を感じることは、不可能に近いと思います。大きな何かがあり生かされていることに気付き始めます。でも神によって生かされていると心の底から実感する方は、ほんの一握りだと思います。そのくらい、実感できず目で見えるものに振り回されているのが現実です。本当の神は、お金や時間を使い探さなくても、自分の中に居ることを、気付いてほしいと思います。迷った人が悪いと言っているのではなく、本当の神に出会う通り道であったことを、理解ができることでしょう。人生とは面白いものです。そこに執着しているときは周りが見えず、力を抜いて、ボーッとして、自然や空など見ているときに、知恵や答えが出てきます。目で見えない方からの知恵が頂けるものです。今は沢山の情報の中、何が本当なのか間違いか、宗教だけでなく、食も全て情報に振り回されているのが現実です。私が感じたことですが、今、私達が、毎日生活をしていている中で、食べ物を少しでも自分で作って、自分の命を支えている方は、ほんの一握りです。特に米や野菜は、土づくりから、収穫まで一年間掛かります。その年の気候で出来不出来があり、それを私達はお金を出して買い、食べて命をつなげて頂いています。その方達のご苦労を考えず、良い悪いと言われますが、私は少し違うと思います。お金は出しますが、食べさせて頂いて、命をつなげて頂いています。作って頂いている方達に感謝の気持ちを持たれている方は、本当に少ないです。今は、神様がそれを私達人間に知らせたいのだと思います。その感謝の気持ちは神に届きます。今、食も心も、その中から本当に必要な物を見る目を育てなくては駄目だと思いました。宗教も、迷いのある人には心を見るきっかけになりますが、神は人（教祖、代表）などを介して個人に何かをさせることや、人を介してメッセージを伝えることはありません。今、命がある間、生神と言われる人はいません。その言葉にのせられ、自分は何をしても許されると思い人生を見失った人は多いと思います。自分の中のプライドが出てきて道を誤った方は、とても多く残念です。そのくらい心づくりは難しいです。命ある間、心して生かしていきたいと思います。人の為に命を使い果たして、あの世に帰られた方で、仏さまになられた方を見習い、感情が動かない自分を作りたいと、私も奮闘中です。

メッセージは、できるだけ心を動かさず、心身ともに穏やかで、大自然のなかで一人リラックスしている時のような、全て受け入れた時に、個人に直接伝えて下さいます。閃きであったり、映像であったり、人であったり、どんな人でもです。日常の生活の中でもそうです。私の体験ですが、ワクワクするのは表面で捉えています。必ず自分の心の中を見ますと、自分が得をすることとか、自分の評価が良い時、などが心の奥底に隠れています。本当の喜びではありません。まず心が穏やかか胸に手を当てて確かめてみると良いと思います。そんな時のメッセージは受け取っていいと思います。その状態を長い時間続けることができるようにして生きていく、なかなか難しいことですが、チェックは怠らずにいきたいものです。私も心づくりの真っただ中ですので、誰かのために何かしたいと思う時、静かにし瞑想をして神からのメッセージを受け取る自分を作ろうと思います。

M氏（三人目の夫）に対しての内観・反省

○お世話になったことは何か

M氏はとても穏やかな性格で人を包み込む人で、何故か自分が亡くなった後のことを、預言者のようにぽつりぽつりと言って笑っていました。自分が早く死んだ後の、私のことも結婚はするなとか、遺族年金で生活できることを、億万長者だとか笑いながら言って、お酒のつまみにしていました。寿命のことはその通りになりました。三度結婚した中で一番幸せな時間を頂き、後の生活もさせて頂き、幸せな出会いでした。亡くなった後、内観の中で私に対しての思いをいろいろ話して下さって、私に出会い、役割を果たさせるため、自分のしたいこともしないで公務員になり、私の為、お金を貯めていたこと、私に苦労をさせない為に貯めたそのお金を全て宗教に使ったこと、何の為の人生だったのかと言われました。彼の思いがエネルギーとともに頭の上から入ってきて後悔と懺悔で涙しか出ませんでした。私の方が自分の人生計画の約束事など全く知っていなくて、それに引き換え彼は潜在意識で知っていたのです。

彼が元気な時には冗談を言っていると思って信じませんでした。内観をしてそのことを知って本当に申し訳なく思いましたし、出会いの約束を果たして下さり、どんなに感謝してもしきれませんでした。亡くなってから朝晩お祈りをすることしかできませんでした。亡くなってからも心配なのか、私の側にいたとのこと、何人かの人に言われました。最後に助安先生に、「旦那さんが一緒にいるよ」と言われビックリしました。亡くなってから十年間くらい経っていたので、私は何も知らずに毎日生かして頂いていまして、何か私に言いたいことがあるのではないかと思い、それなら本当に申し訳ないので部屋に帰り直ぐ瞑想をして内観をさせて頂きました。待っていましたとばかりに彼の思いが出てきて、ここまで私のことを心配して付いていて、ぐずぐずしている私のことが歯がゆかったのです。いろいろ言われました。涙が出て身体が震えシッカリお詫びして帰って頂きました。三日ほど時間ができると、お詫びしました、申し訳なく涙しか出ませんでした。

○お返ししたことは何か

幸せにして頂いた人なので、二人で居る時は楽しい時間を作り喜んで下さることは、私の喜びでもあり、彼が喜ぶことを一生懸命させて頂いたことです。私は野鳥が好きで、茶の間から見ることができるように、バードテーブルを作り、毎日餌をあげていました。いろんな鳥が来るので、彼もとても喜び、夫婦の会話が広がりとても楽しい一時でした。それがきっかけで二人で野山を歩き、鳥や草花を観賞する時間ができ、一緒に過ごすことが多くなりました。また、少しですが、義父母の介護をさせて頂いたことです。

○ご迷惑をお掛けしたことは何か

人生の中で一番自由な時間を頂いたことで、自分を見失ってしまい、宗教に走ってしまったことです。温厚な夫を怒らせ暴力まで振るわせてしまい、本当に辛かったと思います。怒りながら辛そうな顔をしていました。済まない気持ち、でもどうすることもできませんでした。心よりお詫びしました。

○神の立場

私の人生での出会い、父母の愛情をたっぷり受けて育ち、社会に出てからは苦労の連続で、特に男性の行で打ちのめされ傷つき、優しい男性に出会い幸福におぼれ、人生の生き方を見失い、大切な人の一生を通して貯めたお金を無駄にしてしまいました。やっと出会い、夫の役目を果たそうと命までささげて下さったことに対して報いることができず、そして亡くなってからも長い間、私が道を間違わないように付いていて下さったこと、自分の愚かさが悔やまれました。また来世でお会いしたい方です。

父への内観・反省

○お世話になったことは何か

父は子供好きで、父が家に居る時はお風呂に入れてくれたり、髪を切ってくれたり、とても器用な人でした。何かにつけ私の人生の先生でした。私の心を読み取って適切なアドバイスをしてくれて大切に育てて下さったこと、感謝しています。私が大変な時など、私に「正子は人や親が何を言っても、どんなに反対しても自分の思ったことをやりなさい。自分がこうしたいと思ったことはやり抜きなさい。人が何と言っても気にしなくていい。そして人に嫌なことを言わなければならない時は、相手の目を見ないで言いなさい。正子は相手の目を見て話すから、嫌なことがあっても嫌と言えないから」と言って下さいました。

私は父の一生懸命で器用で真面目な生き方を見て育ってきたこと、社会に出てから本当に役に立ち、それが生きました。父の子供でとっても嬉しいです。父が亡くなる時も遠くから来る私を待っていてくれて、最後に父さん有難うと言ったらうなずいてくれ、息を引き取りました。兄が「父は正子が来るのを待ってたようだ、間に合って良かった」と言ってくれて、私も本当に有り難いと思いました。また亡くなって一カ月ぐらいして父が夢に出て来てくれましたが、とても若くて、見たことも無い笑顔を見せてくれました。きっと父の役割を果たされたのでしょう、父の子供で本当に良かったです。私の親になって下さり有難うございます、最高の幸せでした。

○お返ししたことは何か

いろいろ苦しい人生の中、父も歳を取り、できるだけ顔を見に行き話をしたこと。行くと、とても嬉しい顔をしてくれて、お酒を飲ませていろいろな話を聞き出しました。父の話を聞くのが大好きでした、そのくらいしかお返ししていませんでした。

○ご迷惑をお掛けしたことは何か

何度も結婚、離婚したことです。いつも心配をさせていたこと、私の心が弱いこと、生んで育てて頂いたのに自分の人生、自信を持って生きていけなかったこと、また子供の顔を見せてあげることができなかったこと、子供を自分で育てることができなかったこと、今生、私の父になって頂き本当に有難うございます。

母への内観・反省

○お世話になったことは何か

私の母は、一言で言えば呑気な性格でした。母の時代で女学校を出ていましたので、頭が良く、特に国語は百科辞典のようでした。解らない漢字は教えてくれました。いつも手のひらがノート替わりで、時間があれば指で書きながら居眠りをしながらでも書いていました。子供を十三人も産んだのですから、身体にあまり無理ができない時が時々あります。疲れたら座りながら居眠りしています。そんな時でも、漢字を聞くと私の手のひらに書いてくれます。例えば漢字で木偏の付く漢字はいくつあるとか、意味まで教えてくれた母でした。七十過ぎてもそうでした。漢字を書いている時は楽しいと言って笑っています。母との出来事では、私が小学校六年生の夏の運動会の前に、母は私に新しいブルマを買ってやると言って、買い物に出掛けました。私は三歳年上の姉がいて、いつもその姉のお下がりで、袖など縫い上げして着ていて新しい服を着られることが無く、心待ちにしていました。母が帰り、妹の上下の服を買ってきて、母は「正子、ごめん正子の分買うお金がなかった」と言いました。母に妹は運動会に出ないのに、いつも見学しているだけなのに、どうしてと言って母を困らせました。いつも妹は新しい服を買ってもらっている、今回ばかりはどうしても欲しいと母を困らせ、古いので我慢してほしいと言う母に、明日買いに行ってと言い、外に出て家には帰らず鳥小屋の上に上がりました。ワラが置いてあり、そこから出ないで、夜の食事の時も帰らず、母が私を捜している姿を、カベの穴から見ていて少し困らせてやろうと思っているうちに、そこで寝てしまいました。母が夜十時ごろ懐中電灯を持って私の名前呼んで捜していて、私はそのままそこに寝て翌朝、母が出かけるのを見て家に入りご飯を食べました。ブルマは買ってもらえませんでしたが、母は「ごめん、次には必ず買うからね」と言って、ホッとした顔で怒ることはしませんでした。

もう一度は、私が母の約束を破った時です。中学生の時に母は秋になると、他の農家の収穫の仕事をしていましたので、私は、学校から帰るとすぐ母の所に行き、手伝うことが日課でした。その日の朝も、何処どこの畑で芋掘りをしているので帰ったら来てくれ、待っているからと言っていました。いつも友達と遊べないので、今日は少し遊んで帰ろうと思い、楽しくて暗くなるまで遊んでしまい、手伝いのことをすっかり忘れてしまいました。家に帰っても、母はいつまでも帰って来ません。九時になり心配になって、懐中電灯を持って畑に行ってみましたら、ゴソゴソ音がするので懐中電灯をかざすと、母が這いつくばって暗闇でイモを拾っていました。母は「正子、来てくれたのか。正子を当てにして多くイモを掘りすぎた。今日拾わないと駄目になるので拾っている。もう少しで終わる」そう言って私を怒りませんでした。私が約束を破ったばかりに、母にこんな迷惑をかけ、「母さんごめんなさい」と謝ると、「母さんが悪いからいいんだよ」と言ってくれ、二人で拾いましたが暗くて大変でした。母が今日はお月さまが出ているので明るかったよと笑っていました。私はホッとしました。母は家に帰り食事をして、朝の準備をしてから寝ました。

朝、私が起きた時は、もう昨日の畑に出かけていました。見落としたイモを拾うために朝早く拾わないといけないのだそうです。その母の姿で、私は約束事は必ず守らなければ相手の方にご迷惑を掛けることを学ばせて頂きました。母は一度も子供を叱ることはしませんでした。本当に優しい、楽しい、可愛い母に育てられ幸せでした。考えてみたら兄弟の中で一番父母の側にいて、愛をいっぱい受け取り育てて頂いたと、内観してよく解りました。この内観中に自分の傲慢さがよく判り涙が出て止まりませんでした。自分の子育てでは怒ったことが何度もあります。一人の人間としての器の小ささ、両親の懐の広さ温かさ、神様だなーと思いました。いつも側において下さり、自然のこと、食べられる物、食べては駄目な物、虫、畑の作物の育て方など勉強させて頂き、優しさやこだわりの無さ、人を差別せず、愚痴や悪口を言っている母を見たことがなく、心の広い母でした。ジョークが好きで、私の一番足りない所を持っている母でした。私も残りの人生そうありたいと思っています。また離婚して帰ってきた時など家に閉じこもりがちの時、私の友人と会い私を遊びに連れ出してほしいと頼み、友達が家に誘いに来てくれて出掛けるキッカケを作ってくれ、本当に有り難かったです。

○お返ししたことは何か

私が店を出して生活ができるようになってから、母がお金が必要な時は送っていたこと、また少しですが家に帰った時などお金を渡していたこと、お世話になったことからしたら微々たるものですが、喜んで下さいました。そのくらいです。

○ご迷惑をお掛けしたことは何か

母との約束を破ったことと、運動会のブルマのこと。内観しましたら、妹は赤ちゃんの時、食べるものが無く、お乳も出ず、母も身体を悪くして妹も結核になり、学校も行けず寝ていて、そんな妹を不憫に思い運動会にも出ることができず、せめて服くらい買わずにはいられなかった。自分の責任を感じていた。母心、察することのできない私がいました。そんな母を鳥小屋のすき間から、母が私を捜す姿を見て困らせてやる、そんな気持ちでいた自分があり、懺悔の気持ちで涙が出て止まりませんでした。ひどい私でした。私を産んで育てて頂いて本当に有難うございました。母の娘で幸せでした。

内観をとおして学んだこと

○母の内観をとおして私の心の内側に、潜在意識でありますが、自分の思い通りにいかない時には必ず相手を責めている、そういう自分があることを知りました。大きな欠陥に気付いた内観でした。潜在意識ですので何か不都合なことがあればすぐ出ますが、気が付いたらすぐ修正できます。それが思い癖だそうです。

○私の人生で一番悪い癖は、嫌なことは嫌と言えず、流されて生活をしてきてしまい、その結果、潜在意識に不満を作り、悪いことが起こり、人のせいにして相手を責め、潜在意識にため込んでいました。

○相手のせいにすることの中に、自分は悪くない、正しいという正義感、プライドが潜んでいます。

一度目の内観で良さが判り、私はもう少し自分を見つめてみたくなり、やすらぎ研究所の内観を六回、北陸内観所も一週間が二回で合計八回入りました。その都度自分に問題が出てきます。その都度入らせて頂くのですが、日常の生活の中で静かな時間を作るのが苦手な性格で、いつも何かをやっていることが好きですので、別の場所に行くことをしないと、なかなか気付けなく流してしまいます。そうするといつの間にかまた悪い癖が出てしまい、物事が上手くいかなくなります。それに気付き内観をしていました。そして私の人生の考え方や、人生との向き合い方が大きく変わりました。M先生の会社にご縁があり、少しの間仕事をさせて頂きました。玄米にご縁ができ、私の身体も良くなって、日本人の主食の白米より栄養価の高い玄米の良さに惚れ、会社をやらせて頂きましたが、心づくりがベースで、現実のビジネスとの両立が大変で甘えが出てしまいました。本部の方にも大変ご迷惑をお掛けしたことを、心よりお詫び致します。

会社から離れてから時間があり、四国の八十八カ所にお遍路さんに行きたくなりました。亡くなった夫が、退職したら一緒に行きたいと言っていましたので、私が代わりに行ってみようと思いました。それに四国は父母の故郷でしたので、一度行ってみたいと思って実行しました。その時も友人のEさんが、援助をして下さいました。Eさんは、同じ宗教をやっていて出会い、心身ともに支えて下さった、大親友です。どんなことでも話をして、支えて頂いた方です、本当に有り難かったのです。歩き遍路でしたので、膝の悪い私には始めはとても大変でした。膝が腫れ、一日何十キロも歩きますので、でも不思議なことに歩き出してから般若心経が口をついて出てきて止まりませんでした。休憩のため、杖を置くと止まり、歩くとまた般若心経が出てきます。高知県は父母の故郷であり、何故か熱が出て歩けなくなり、ホテルで事情を話して、寝かせて頂きました。翌日熱が下がり、そして何故か遠回りの遍路道を歩かされ、道に迷った時、おじいさんがいて、道を教えてくれましたが、振り返ると誰もいないのです。最後の八十八番の終わりまでそうでした。不思議な体験をした、五十三日間の体験でした。

家に帰ってから玄米の製造の方を手伝わせて頂くことになりましたが、玄米の会社が移転することになり、私は離れることになりました。車を買って頂き、その車が軽ワゴンでしたので、四国にお礼参りに行こうとしていたところ、M先生から「早く行きなさい、四国で待っている人がいる、お坊さんかなー、すぐ行きなさい」とせかされ、車中泊の用意をして出掛けました。三日間、車で泊まり一日ホテルに泊まります。四国の六十番目の頃、北海道ナンバーの車を見つけ、次の所でその男性Kさんと初めて挨拶をして、札を交換して次に移動しました。次にまた会い、次のお寺は駐車場が狭く、一緒に乗っていきませんかと声をかけてくれ、いろいろな話をして、一日が終わりました。その日は、彼は四国巡礼の先輩とお酒を飲むことになっていて、一緒に行かないか、話がしたい、と言われたのですが、車で泊まるのでと断りましたが、電話して空き部屋あるそうで、と熱心に誘われて行くことにしました。先輩の方と三人で飲み、話をして自分の部屋に行き休みました。翌朝フロントに会計に行きましたら、彼は私のホテル代の支払いをしていて、お礼をと思っていましたが、もう出発していました。同じコースを回っているので、どこかで会うでしょうと思いました。あの方なのか、M先生が待っていると言っていた人というのはお坊さんみたいな人でした。そうしてまた会いお礼を言って、最後の八十八番で別れました。私は九州の大分県に行くために車で出発しました。出会いがあり泊めて頂いたりして、四日間いて九州でも雪が降ってきて、車で寝るのが寒くなって帰ることにしました。途中で滋賀県に寄る計画でしたが、雪のために通行止めで進めず、友人の所へ行けなくなり家に帰りました。一人で運転をして無事に帰ることができました。

少し時間ができ、瞑想をしていて、内観で自分の役目を受け取ったことが思い出されましたが、私なんかができないという思い、劣等感が出て、玄米ならできるのではと思い、以前M先生に会社を作りなさいと言われていたので、玄米の会社を始めるためにマンションを出て家を借り、会社「かなえ」を立ち上げました。

この玄米の良さは体で体験していましたし、毎日続けて下さる方が、心を穏やかになっていく姿を見ていましたので、やはり身体が健康でなければ心も穏やかにならないことも実証されました。主食の玄米に酵素やコラーゲンなど入れて炊いてあり、とても美味しく、これを開発した方も美味しくないと続かないと言われていて、私も食べてその通りでした。玄米に出会い食べて下さる方が心まで落ち着かれ、この仕事も人のお役に立っている、そう思いつづけています。何人かの人がお金を出して下さり、HさんとKさんと女性三人で会社を始めましたが、皆、霊体質で日々が大変でした。いつも何かに振り回されているのが現実で、会社の基礎づくりがなかなかはかどらず、時間がかかりました。早く私が動き収入を得ていかないと立ち行かない。そんな焦りがあり、一軒で三人の女性が暮らしていて、食事の支度も私でした。少し何かを言うと二階でドタバタ騒ぎだし、ついている霊が騒ぎ出します。今考えると、ついている霊のエネルギーの差があり苦しかったのです。同じような霊でも自分中心の行動をする人は低い霊が出てきて、人の為の行動をされる方は上の方の霊神で、とてもいい経験でした。

霊体質の方は上からも下からも同じようなメッセージを受け取ることができますので、自己管理と、どちらからのメッセージを、受けているかを絶えずチェックする習慣を持つことと、他の人との調和が大切です。それができない時のメッセージは混乱を招くことばかりです。そんな出来事から学び、私は受け取るメッセージは心が穏やかか確認します。自信のない時は受け取らないことに決めています。そうして、Hさんは家に帰しました。Kさんも、他に仕事を見つけて引っ越していって頂きました。一人から出直しです。後で聞いた話ですが、Hさんは結婚して幸せな生活をしていると聞いて、私はホッとしました。それが一番願っていたことでしたので。Kさんは勤めていた会社を首になり、今は電話しかつながりません。自分の過去の生き方に振り回され、いつも首になります。無意識に出てしまうので本当に気の毒になります。Kさんもメッセージを受け取る役割を計画されてきています。でもまず、自分の心をきちんとしなければなりません。簡単なようで一番大変です。早くそこから抜け出してほしいと思います。大切な友人ですから。

そんな時、四国の巡礼で出会った人（その時は北海道にいる）Kさんから電話があり、正月に泊めてほしいと言われました。部屋は空いていましたので、いいですよと答えました。それまで時々電話があり話していて、真面目な男性でしたので、その前に四国に一緒に行こうと誘われていて、一週間ならいいよ、今なら休めるので、私も気持ちを切り替えたいと思い、約束をしました。十一月の中くらいに来て三日後に出発しました。Kさんは若いですし、車の運転が大好きで、私もいろいろあった後で疲れていましたが、それを言えず休まず回りました。二十番目のお寺で階段が多くあり、少し頭がクラッとして下のトイレに入り、吐き気がして吐いてしまいました。トイレから出ることができず、治まってから車に乗って後ろに横になり少し走ってから、Kさんが家に帰るといって向かって下さり、熱海の家に夜中に着き寝ました。朝、目眩がして救急車を呼んで病院に行きましたが、その結果は小脳の脳梗塞とのこと、すぐ入院しました。今は点滴などで流すことができますので、十五日で退院できました。その間毎日、Kさんは責任を感じて病院に来てくれて、玄米の注文もやってくれ本当に助かりました。思いやりのある方でした。しばらくは少しふらつきが残りましたが、いろいろなことがあり、これもまた私の苦を積んだ結果の清算だと思い、新しく出直しです。

私は以前から血管が細くて毛細血管がよく切れていましたが、頭の方で詰まるとは思いませんでした。そんなご縁で彼が北海道に帰っても電話で話すことが多くなり、見えない世界のことも話し合うことができ、M先生や亡くなった夫が言っていたことなど考えて、玄米の仕事を一緒にやってみないかと話してみました。結婚はしない、同居ならいいと、私もこの歳で十六も歳下の男性と結婚は無い、仕事の相手と理解して、北海道に迎えに行きました。久しぶりの北海道は寒くて風邪をひき一日寝込みました。熱海に住むようになり、周囲の方には甥と言って同居の生活が始まりました。Kさんに好きな方ができ、結婚したいと思う女性ができた時のために甥でとおしました。Kさんは毎日お酒を飲む人で、また一人暮らしの生活で料理はとても上手な方でした。女性と暮らすよりとても楽でした。Kさんはパイロットの仕事をしていたそうで、プライドが高く、始めは年上の人と暮らすのに抵抗があり、ちょっとしたことで怒り出した時、何故か私は子供のように布団の中で泣きじゃくり、泣いている自分が子供のようだと思い、そんなことが二度あり、過去に私の父親だったことが解り過去返りしていました。Kさんもそうだと思うと納得して生活が始まりました。

Kさんは肝臓の数値が高かったそうで、食事に玄米を食べ二カ月で肝臓の数値が下がり、玄米の良さが判り私も嬉しくなりました。Kさんは子供の時から不思議な体験をしていて、先祖の因縁を自分が断ち切ってやろうとの思いで、四国にも遍路として回り、私のことも神に神託事を何度かして、返事はいつも私と一緒にやりなさいの答えだそうです。料理が得意なので玄米普及のために弁当を販売するお店を出すことにして、あちらこちら探したのですが、私も歳ですし、保証人になって下さる方もいません。住居と店舗が一緒の場所が良く、小田原で十年空いていた住居付きで、凄い汚くカビが出ていた家でしたが、家主と交渉して少し賃料を安くして契約しました。家の材料に良い物を使っていましたので、手を入れ掃除をすれば使える、Kさんも直せると言ってくれたので決め、掃除に一カ月掛かりました。周囲の方も始めはこんなところに住むのと言われましたが、綺麗になりビックリしていました。毎日掃除のために熱海と小田原を行き来しました。家主との契約の時、屋根は雨漏りしないですかと聞いたら、「大丈夫です、母が直しています」との返事でした。開店する二日前、雨と風が強く吹き付けて凄く雨漏りがして、Ｋさんが屋根に上がり見てきましたらサビだらけで、びっくりしてすぐ家主に電話で怒ってしまいました。屋根は直してあると言われて契約しましたので、開店した日に屋根の修理屋さんが来て直して下さいました。私達も悪いのです。きちんと確認して契約をしなければならないのです。

お店は九時から午後の二時で閉め、後は材料の仕入れと、玄米の発送の方に時間を使います。毎日自分の時間がありません。開店してから八カ月経った三月四日頃から、毎日目を閉じると、人々の苦しい顔の映像ばかり出てきて、これは何だろう、何か大変なことが起きそうで、不安の気持ちが出てじっとしていられず、何かをしなければと思い、すると、私の口から自然に般若心経が口をついて出てきて止まらず、布団の中でも、目が覚めてもお経が私の口をついて出てきて、人と話をしていても、無意識でお経を唱えていました。そして五日目の日の午後に、凄い揺れが来て、東北での大地震が起き、テレビを見て津波の恐ろしさを目の当たりにしました。３・11の出来事でした。あの般若心経の意味がやっと解りました。

私達も停電のため、店もやりづらく、玄米ご飯の炊き出しに行くことにしました。車に、荷物と布団を積み、ガソリンを入れるのも長い行列で三十分以上は掛かり、少ししか入れてもらえず、小雪が舞い寒かったのですが、被害にあった方達のことを思えば、自分たちのことは何も感じませんでした。外で玄米ご飯を炊いていまして、二人共、痰の塊が何度も出ました。放射能を喉で止めて痰として排出していて、原発の影響だと感じました。そうして少し時間ができ、被害があった場所を少し歩いてみました。目で見えるところの被害はひどく、物や船が陸に上がり、動物の死体がそのままですが、多くの方が亡くなったにもかかわらず、すごくさわやかな感じがして、二人共声を出してしまいました。このさわやかさは何だろう。私の中から「亡くなった方の魂を神が全て引き上げた。そのために、私や多くの人を使い、祈らせ、魂を、救った。

被害に遭い命を亡くした人の為に」。私は凄いと感動をしました。人間の考えなど、とうてい及ばない計らいでした。普通は、事件や事故のあったところは、重苦しい波動が伝わり、その場に大なり小なり残ります。そこでは多くの方の命が亡くなっていますが、苦しさもありませんでした。それだけあっという間の出来事だったのでしょう。そして、お祈りをされた方も、神様が使って下さったからできたことです。自分の力ではないことをしっかり肝に銘じて生きたいと思いました。

この地球で生活をしていて、全ての出来事の原因は、私達人間の考え方や、行動の結果です。間違いをしない人はいません。間違いは悪いことではなく、気付いてどう修正して学び、良い方向に向けて、活かしていくか、それが一番大切なことです。私の人生は自分中心の人生の中で苦しみ傷つき、内観・反省で目覚め修正することができ、今があります。今生の人生計画で、神と人類救済の計画を立ててきている人は、日常の生活の中で宗教に入られる方が多くいます。魂が、人の為に何かやりたいとの思いが強く、心の整理が付かない時や、問題ができ、迷いのある人には、宗教は気持ちの切り替えになりますが、そのまま宗教に足を踏み入れてしまいます。そうして組織の魔の中に取り込まれ、本当の自分を見失います。神から段々遠ざかり、人生を終えることになります、目に見えない世界を求めているのに。神は、一人ひとりの個性を活かして、人生計画を立てていますので、自分のカルマを薄めて心を神に向け、心穏やかな日常の生活を送ることができてくると、必要なメッセージを頂けるようになることでしょう。まず自分を見つめることです。本当の自分に早く気付いて、それぞれのお役目を果たして頂きたいと願っています。そうして、後に残された人々がこれからの人生をどう生きていくのか、神様が見ている、この地球上で住まわして頂く私達人間が、自己の欲で生きていくことを止め、足ることを知った生活をしなければなりません。今のままでは、また何処かで災害が起きることでしょう。それが私の大きな学びでした。

二人の同居生活も三年間が過ぎました。二人の仲も考え違いや意見の違いなど上手くいかないこともありました。私も歳ですし、自分の心を抑えて生活をしていました。その家はクーラー無しでは過ごせず、体が冷えてきて夜があまりぐっすり眠れなくなり、お弁当屋の仕事を辞めました。毎日総菜を変え二人で努力してやりましたが、玄米の良さを広めることは難しいことでした。そして、発送だけをして、身体の疲れを取り、ゆっくり仕事をして、自然の中に入る時間を作っていましたら、私の両手のひらがキラキラ光り、特に夜、書き物などしている時によく光ります。どういう意味なのか知りたくなり、以前からお会いしたい人がいて、その方と東京でMPさんにお会いして、通訳者をとおしてですが、話をしました。最後にMPさんが、「貴方は、今日、私に手のひらから出る金粉のことを聞きに来たのでしょう」と言われ、「あなたのオーラの色です。私も久しぶりに癒やされました」と言われてビックリしました。私がなぜ、こんな私が、ゴールドの役割を計画してきたのか、帰りの電車の中でも、信じることができませんでした。その方はそのままでいいよ、と言われましたが、私にとってこのままでは、何もできないのにと考えてしまい、まあ自然体でいいのかと、納得して家に帰りました。私の役割に気付かせて頂き、本当に有り難いことです。以前、助安先生に、私の指導霊さんのことは言わない、今まで伝えた人は、皆さん駄目になった、だから言わない、と言われた意味がよく解りました。私もあの時言われたら、高慢になってしまったと思います。

特に若い方は、自分は特別と勘違いしてしまいます。その人の時期があるのですねー。人間としてこの世に生まれた人は全て役割を持って来ているそうで、その人の個性を活かし終えて、あの世に帰るのだと思っています。そんなことがありお店が空きましたので、若い人に無償で使ってもらえば良い、それなら又貸しにならないと思い声を掛けていましたら、パン屋さんがきました。他でパン屋をやっていて、今居るところも家賃を払えず、トラブルもあり困っている、うちの会社の玄米を使ってパンを作る約束で内装工事をして始めました。彼女は家が遠いので、住む所が見つかるまで家で泊めてあげ、正月までには出て行く約束でした。そうしましたら彼の方も、夫婦のことで家には帰れないそうで、泊まることになりました。食事もできるだけ食べさせ、残りのパンも買って、冷凍保存して友達に送って食べて頂き、できるだけ協力していましたが、感謝の思いが全くなく、自分達の都合を押し付けてくるし、お金も貸しているのですが平気でした。返す気持ちなど無く、また他の、お金のある人と一緒にやろうという腹の内が読めましたが、それもいいと思っていました。彼らの人生だからです。彼は家庭が大変な家庭でお父さんはアルコール中毒であまり働かず、お母さんが、夜も仕事をしていて、学校から帰ると、夜の食事はカップラーメンが一つ置いてあり、心身ともに寂しい子供時代を過ごしてきた。親を恨み、年上の女性に甘えたい思いが私に伝わってきていました。でも、それは彼の人生計画の一コマで、両親との苦しい計画を立て生まれてきたのです。それを通して自分のカルマに気付く、彼の人生です。私も助安先生の本を、ぱっと開くと、この言葉が書いてあるページが開きます。思わず笑ってしまいます。（生まれる前に人生計画をつくる。脚本も主人公も自分なのに、自分に厳しいと恨む愚かさよ）。私が、ぐずぐず理屈が出てくると、このページが出てきます。納得です。この世に生まれている人全員です。今の現実を通して自分の思い癖、カルマに気付き変えていく。彼らのことを通して考えてみたら、私が宗教をやめてから、ご縁のある方にお世話になりましたが、まだお返しをしておらず、そのことに気が付きなさいと言われていると思っています。

そんな時、大家さんから電話が来ました。契約の更新の電話で、消費税の分を上げるとのこと。不動産会社も大家さんの無責任さに呆れ、とりあわないのか、私に直接電話がきたのです。考えて下さいと言われました。そういう人なのか、欲が深い人だなー。私の歳で保証人が居ないのでお金もかけず私達が直して、ここを借りたのです。それでも私は有り難いと思い、私たちが出ても次の方が入れば良いと少しずつ綺麗にして直していました。それまで七百万円近いお金が入り税金も支払えているのに欲だなーと思いました。そう思い、お日様を見ていると、私の中から（発送だけならどこに住んでもいいよ）と声がして、そうだ、何処でもできる、ここに居ることもない。その夜、Kさんと話し合い、彼もここにはいたくないと言われ、そうすることに決めました。そして大家さんに手紙を書き、今までの状況を書きました。そうしたら電話がきました。前回の契約の時、個人契約にしてほしいと伝えましたが、フンと鼻であしらい取り合ってくれずそのままでしたが、今回大家さんから個人契約でもいいと言ってきて、一応契約はしますが、九月までに住む所を探しますと伝えると、家賃を安くするのでいてほしいと言ってきました。今のパン屋さんが出ると言ってましたので、私達の現状を伝えたらまだ決まっていないとのこと、大家さんに話してこのことを知らせ、パン屋さんに貸してほしいと伝え、パン屋さんに家賃いくらなら借りることができると聞いたら、六万なら払えると言うので、大家さんと交渉をしてOKがとれ決まりました。

それから自分達の場所探しをして、私達は以前から長野県に住みたいと思っていましたので、長野県に何度も通いました。部屋が多く欲しいのですが、なかなか無く、最後に行った家が八部屋あり、飯田市の町から少し高い所で夏はクーラーが要らない、全ての窓を開けても見られることが無く日差しが入り、それで買い物もコンビニも近くで、全て便利な所です。契約に来て掃除をしに来て窓から外を見たら、虹が出ていました。雨も降っていないのに、買い物に出かけても虹で、こんな短期間で何度も虹を見たことがなく、まるで神様がここだよと言ってくれたようでした。嬉しかったです。帰って大家さんに出ることを伝えたら、「そうですか」と言い、「敷金は返して下さいね、どこにあるのですか」と聞いたら、「私が持っています」と言いました。ですが、日にちが決まり出ることになり大家さんに伝えたら、契約期間内なので敷金は返さないとのこと。四日前で次の人も決めてあげて出ることは伝えていたのに。仮契約でも何か起きた時のために、と言われましたので、大家さんに従いました。私達は呆れて口も聞きたくなくなり、残りの日数を居て返してもらうこともできましたが、そんな人ですから、また何か言い出しかねないので敷金は置いてきました。私達にとってここは詐欺に随分と引っかかった場所でした。二人は北海道人で、人を信用してしまい、人の勉強をさせて頂いた所です。過去の清算と思えば怒る気もしませんでした。騙した人は、困ったときに何倍にもなって自分に降りかかります、それが宇宙の法則だそうです。後でわかることだそうです。間違いなくその方の上に現れることなので、私達は、気にしないことにしました。金銭的にKさんとEさんにご迷惑をお掛けし引っ越しができました。有り難いことです。

長野に来て片付けが終わりホッとしましたら、今までの疲れがどっと出て、毛虫や漆などにかぶれたり風邪をひいたり、心の隙間があったのでしょう。でも朝起きると太陽が私の心にしみわたり、空や、雲や、山が、花や、鳥が、私を歓迎してくれているようでした。玄米のお客様も変わらず使って頂き本当に有り難く思いました。

此方に来てから自分の生き様が出てきて、私自身がびっくりしました。何年間も、心のことを考える時間が無く過ごしていて、私の無意識に出てくる悪い癖が出て、一つのことでも悪い方の考えが先に出てしまっていました。Eさんと時々電話で話したら気付き、無意識の思いを変えることができました。今、同居しているKさんは私の無意識に気付かせて下さる方でした。私が気付くとKさんも穏やかになり無理が無くなりました。全ての出来事の原因は自分でした。内観をしていたので自分の内側を見ることができ、つくづく有り難いことです。それからは自然体で仕事をして、私の役割について考える時間ができ、内観して頂いたメッセージを見直し、考えていました。内観中、（光の天使を見つけ出し役割につける）と頂きましたが、当初どうしていいのか判らず、また、私にそんな力はないという思いで、そのままにして今に至っていました。

また、（最初に頂いたメッセージで自分が体験したことを伝えなさい）とあ

内観での映像で
家から光が出ていてその時
（光の天使を見つけ出し役割につける）
と頂きました。

１度目の内観で瞑想する時間があり
富士山に絵の形の氷河があり、それ
が私のカルマである事がすぐわかり
内観の度少しずつ小さくなり３度目
の内観で消えました。
神との交流の時間で
私にわかりやすく
現して頂いた
と思います。

り、見えない世界の体験を伝えられたらと考えて、私の体験談を本にしようと思いました。そして鉛筆を持つといろいろなことが甦りすらすらと書けました。人生で出会った方々には配慮して書きました。パソコンの打ち方が解らず、ローマ字も読めず、それが一番苦労しました。最後は随分と早く打つことができるようになり、いい勉強です。私自身、裸になったことで、心が定まりました。内観・反省をしていなければ、どんなひどい人生を送っていたか想像できます。一度目の内観から、富士山の映像が出て、富士山の片側に氷河が厚くがっしり付いて、それが私のカルマであることがすぐ理解できました。内観をするたび、その氷河が溶けて小さくなり無くなりました。やすらぎ研究所の内観と助安先生の本により、神への道に修正することができ、本当に有難うございます。心より感謝しています。

残りの人生、神に使って頂きたい、やっと少しずつ腹が据わってきました。私の拙い体験を読まれた方に、少しでもお役に立てればこんな嬉しいことはありません。私のように、内観・反省を何度もしなければならない方ばかりではありません。でも、日常の生活をしていて、神を感じることはなかなか難しいと思います。私の人生の中で神との出会いが何度も何度もありましたが、その都度きちんと受け取ることができず、助安先生から、指導霊さんが苦労しているよと言われました。そのくらい感度が悪い方でした。今の若い世代の人は私達と違い、感性も感度も良いので、内観で、自分の人生を見つめ、目的を見つけるために、物心ついた頃からの出来事を、まず、ノートに書くことから始めて、人生の中で、苦しかったことや、辛いことなど、思い出して書いていきます。出会った方でどうしても嫌な方などは、私の体験でしたが、よく見つめてみると、自分の中にある思い癖とか、カルマで自分の中にあるものが相手にあるものと同化して、耐えられないくらい嫌に感じられます。その相手は、自分の癖を気付かせて下さる方として受け取り、よく観察していきます。苦しめて下さった方のことを考えてみて、何が嫌なのか、しっかり考え、そうして、相手の立場になって考えてみたら、きっと何か見つかると思います。どうしても気が付かない時は、自分が、神様の立場になり考えてみたら良いと思います。神は愛そのものです、そうして自分の思い癖に気が付くと思います。その思い癖が、悪い癖ですと反省をして直していきます。気が付くことは、その後の人生の中で、とても大切です。私事ですが、今までの人生の中の出来事で、劣等感が強く、いつも自分を守ろうとする思いがすぐ出てしまい、今も気が付くと出て来て、私を下げてしまいます。今もこの繰り返しの人生です。人間は、生まれる前に人生計画を立て何度も何度も練習をして、神様のＯＫを頂きこの世に生まれてきます。厳しい人生を今歩まれている方は、それに気付いていくと、どんな厳しい状況の人生も乗り越えていくことができることでしょう。厳しい状況の原因は、自分の心の中にあります。すべての人間の中にはカルマがあり、それを今生の人生で少しでも出ないようにするために人生計画を立て生まれてきています。そのことを知らずに人生を歩んでいるので、辛く苦しくマイナスの思いで周りを苦しめて悪い状況を作っていました。そのことに気付かず人生を遠回りしています。自分が立てた計画だと気付いた時、自分の心を開放することができ、生き方がとても楽になります。そうして、前生で取り切れなかったカルマがあり、私の場合は劣等感やプライドで、自分を守ろうとします。それを取るため今生の人生計画を立ててきましたが、辛い人生の中で自分を守ろうとするために出来事や物事を深く考えずに仕事をすることに集中して生きてきました。その後、神との出会いがあり、その中でも考えることをせず、プライドが出てきて、エネルギーを下げ、その繰り返しで、少しずつですが修正しています。大きな役割をされる方は、人生の中で他の人にちやほやされ、自分は特別とのプライドが出てきますので、なかなか、本当の神との出会いができず、神との約束を果たせず、人生を終えることになるそうです。

私達人間は、特別な人は一人もいなくて、役割が違うだけなのです。自分は特別というプライドが出ないように、意識の管理をすることです。今生の人生で大きな役割の計画を立て、生まれてきた方は、輪廻転生が多く古い魂の方だそうです。厳しい環境の計画を立ててきて、特に歳を取られた方は少しでも早く気付き、役割を果たして頂けたら、本当に嬉しいです。本に出会われた方の人生に少しでもお役に立てば、こんな幸せは無いと思っています。気が付いた方と共に神様の道、その方の役割の道、共に歩むことができたら、本当に有り難いと思います。そういう人に出会えるよう、心を引き締めて生かして頂き、今から楽しみにしています。今生は神の道を歩む約束をしてきた方が多くいると聞いています。地球を救う役割として、それはこの本に出会った貴方かもしれません。

あとがき

　私がスナックをはじめてから、仕事以外で人に会うことを避けていた時に、本を読みたくなりました。私は本があまり好きではありませんでした。でも、その時は本が読みたくて自然に本屋に入っている自分がありました。一週間で五冊の本を買って読み、時間がある限り読んでいました。一年間で政治、経済、宗教、歴史、科学、思想、心理学、病気、人物などなどです。家は本だらけでした。本屋さんに入ると私自身どんな本を読むのか判らず、自分で決めているわけでもなく、自然にこれを読むと手に取っています。不思議でした。学の無い私が全部理解できたのか、と言いますと、理解はできていません。今その本の内容は、すっかり忘れていますが、必要があると部分的に思い出します。

　私は、体当たりで実践して学んでいくタイプの生き方をしていましたので、本当に不思議な出来事でした。指導霊さんから学びなさいということと、今、理解しています。そのお蔭で仕事に大変役に立っています。新しいお客様で、その方のお仕事の話を聞いても、それまではまったく理解できませんでした。でも本を読んでからは、その方の話を理解して聞くことができ、相手にそれが伝わり信頼をして頂き、人間関係が楽になり、人が段々と好きになっていきました。特に男性はそうでした。初めて会う方にも緊張が取れ、自然体でお話ができるようになりました。私にとって凄い変化です。

その中で出会った本で、題名は忘れてしまいましたが、地球に人類が住み始めた時のことが書いてありました。小人数で住みだし、家族を作り、子供を産み育て、少しずつ人が増えていきましたが、その時の地球環境が悪いことと、最初の親達の人数が少なく、子供達は、近親結婚をするしかなく、生まれた子供たちは、病気で死んだりして、人口が増えませんでした。子孫を存続するために、女性は子供が生まれ三歳なると、子育てを家族に託し、他の男性の方との子供を作り、三歳になると、また他の男性の子供を作ることをして、元気な子孫を作った、それが私達の最初の祖先の苦労です。

人類のため女性が果たした役割と、以前本で読んだことを思い出しました。その本を読んで今感じたことは、今の夫婦、恋人などの愛は相手を独占する情愛が多いと感じます。情愛は相手を自分の都合のいいようにと握り締めます。本当の愛は、相手の方の人格を育て活かしていく愛、神の愛が本当の愛です。女性の子宮は小宇宙だと思います。どんな嫌な人との営みでも妊娠して一人の人間を誕生させることができます。今は、夫婦のあり方も、子供の育て方も、親が方向を示していますが、本当は、その子供がやりたいことを、どんな失敗をしてもやらせて、その子供が失敗し、気が付き修正することが、その子の器を大きくしていきます。その子を信じて神に預けることが大切なことです。

今の子供達は、親より進化して生まれてきた魂です。人類や動物、植物も進化しています。そのことに人類は気が付かなくてはならない時代になってきています。私も、その本を読んだ頃はピンときませんでしたが、私の母から聞いていた言葉を思い出しました。母達が住んでいたところは、藤原一族の逃げ延びた人達が山奥に住み、部落を作り、近親結婚を繰り返し、身体が不自由に生まれる子供が多く、父の兄弟にも二人いたそうです。父と母はいとこ同士で結婚しています。そこから日本民族のことを考えてみたら、日本民族も、鎖国の時代があり、日本民族を守ってきたのですが、今の子供達は、私から見たらひ弱な子供達になってきていると、納得できるのです。

これからの若者は、外国に飛び出していく、人類が混ざり合うと助安先生からも聞いていましたことが、やっと今になり理解ができました。混ざり合っていかなければ強い人類ができないからです。

玄米の仕事をしていて、どうしたら食べて頂けるかと思案していた時、当社の玄米を取り上げて下さるある本がありました。三ページでしたが、その本を読まれた方のお一人で、玄米を食べて下さって、ご注文の度、少しずつ話をして下さっているMさんの体験談を、ご本人の了解を得て書かせて頂きます。

Mさんは八十半ばで食欲がなく、寝たり起きたりで、息子さんと暮らしています。身体が弱くなってきて、なおさら、身体に良い物をと心掛けていたそうですが、食が細くなり、その時は体重が四十キロ無かったそうです。息子さんは、心が優しい人で、Mさんは、「私が死んだら息子はどうなるか心配で」と話してきて、ご注文の度、少しずつ話をするようになりました。息子さんとのやり取りを聞いていると、Mさんが動けない時の食事を作って下さる息子さんの優しさを汲み取ることをしないで、つい文句を言い、自分の思い通りにやらないと、また、文句を言ってしまうとのこと。心配するあまり、それを繰り返し、息子さんは、その腹いせに、流しの排水口にゴミを詰めて水が流せず修理に何万円も掛かり、Mさんの家はマンションの上の階で、「よその家にもご迷惑を掛けてしまう、とても大変」と話していました。電話の度、息子さんとの出来事を話されて、私はその問題を自分の出来事と捉え、答えが出ていましたので、機会があればお話をしてみよう、どう受け取られるかわかりませんが、と思っていました。また排水口に詰めたと聞いた時、その前に、息子さんとの間で何があったのですか、と尋ねましたら、その話を聞いて、私はお母さんが悪いと言いました。「体調が良くないので、作ってくれている、息子さんの気持ちを受け取ることをしない、Mさんが悪い」と言わせて頂きました。作って下さる方がいるから、食べることができるのです。息子さんにしたら、立つ瀬が無いので、自分も追い詰められていて、排水口に物を詰めるのです。また、用事があり二人で出掛けた帰りに、昼食を注文した時のことです。天ぷらが冷たかったので、「揚げたてでないね」と言うと、息子さんは、取り替えてもらうと立ち上がりました。Mさんは恥ずかしくなり、いいから止めてと言っても行くと言い出し、とても恥ずかしかった、と私に話しました。私はそれを聞いて、お母さんに温かい天ぷらを食べさせたい、お母さんの思い通りにしてあげたかったのだと思いました。この話の中にも、毎日の習慣で、外食はこうでなければ、味噌汁の具は、それは駄目とか、Mさんの価値観を押し付けています。この二つの出来事で、親子の生活が見えてきます。

息子さんが悪いのではありません。Mさんは、息子さんが、Mさんの為に作って下さる心を見ることをしないで、味噌汁に、これは入れては駄目と、つい親子の間では言ってしまいます。感謝の思いが無く、息子の行く末が心配で、少しでもできるようにと押し付けている。そしてどんなに心配しても、お母さんが先に死ぬでしょう。先を心配しても、どうしようもない、死んだらその時、今、できることをして、あの世に帰りましょう。そう話しました。

いろいろと話しだしました。それでもMさんは、息子が家の中の物を捨てたら駄目と言って溜まり、家に隙間が無いとか、自分が死んだ後のことをあれこれと考えてしまうとか。気持ちはよく判りますが、心配しても良いことは一つもありません。一人ひとり自分の人生を、歩んでいまして、今までも、Mさんが息子さんを変えることができなかったことでしょう。ですから神様に後をお預けするしかないですよね。そう話をしました。今の生活状況がよく解りました。

Mさんは、宗教をやっていた経歴があり、電話でお話をしてみて感じたことは、お歳のわりには、声に張りがあり、お話もしっかりとした話し方で、とても八十過ぎに感じませんでした。目で見えない世界の話を、少しずつしていきましたら、Mさんもいろいろ話をしてきました。出会ってきた方から、此処に来て座って下さるだけでいいので、人を集めましょうかと言われたことがあるそうです。その方は、見えない世界のことがわかる方らしく、Mさんは前世での役割を果たしてきた、その方達の居場所を作ったそうで、神のご指示でよみの国を作られたそうです。今生でも約束を果たすことを、多くの方が上で応援しているそうで、そのために、息子さんと、パートナーとして来ているのです。Mさんには、その自信が無く、どうすればいいのか、自分にはできない、こんな体で、そんな力は無い、元気な時に言われ、その時は理解ができなかったそうです。

そう言われ、私は特別と思ったのでしょう。プライドが出ませんでしたか。特別な人は一人もいませんよ、ただ役割があるだけです。ちやほやされると、無意識の中で、自分は凄いと思い、低い方の悪魔が応援してエネルギーを下げてしまいます。マイナスの思いしか出て来ません、悪魔の思うつぼです。気が付かないと役割が果たせません。それで今まで掛かったのでしょう。全て息子さんのせいにして過ごしていました。Mさんは、「私が悪いのですね」「そうです。私も何度も何度も、引っ掛かりました。今は立ち直りが早くなっただけです。気が付いたら切り替えることをやっています」とお話をして、助安先生の本の話をして、私の持っている本を何冊か送り、読んで下さいました。宗教をやっていて、今まで読んだ本の内容は難しかったのですが、この本は、読んで理解ができ、こういう本を探していたの、この本は凄いと言ってきて、今の問題に関連した本を紹介して買って読まれました。「自分の役割は何か、この方に聞いてみたい」と言い出しましたが、「お会いすることはできません。Mさんの名前、生年月日を書いて、色紙を書いて頂いたら、お金が掛かりますが、良かったら、名前から何かが分かると思うので、書いて頂いた言葉の裏に説明が書いてあります。本の裏にエイト社の住所と電話番号が書いてありますので、電話して聞いて下さい」と話しました。Mさんは、すぐ電話して書いて頂くことになり、とても楽しみにしていました。十日ほどして電話があり、「色紙には、必要な言葉が書いてあり、毎日自分の名前を勢いよく唱えなさい、と書いてあり、実行すると、その色紙から光が出てきて心が落ち着き、本当に良かった」と言っていました。その話を聞いて、この方は、大きな役割を約束して生まれてきた方だと確信しました。Mさんは、あの世での居場所を作った、今生も多勢の方が応援します、と言われて、私は何のことか分からなかった、と話をしていますが、今生も、その役割をされる方と確信しました。そうして、息子さんに取りつく、その魂を、Mさんが、ヒーリングしている時、目で見えるそうです。光に包み、諭してMさんをお世話して下さっている指導霊さんが、あの世に返す、お二人の役目として、親子のパートナーを組んできたのではと思っています。姿を現した時、その方に話をして出て行ってもらうそうです。

それには息子さんがとても大切です。それをするのには、まず家の中を片付けることです。神様を迎えるのに、キレイにすることが一番大切です。これから二人が暮らしていくのにも、家を片付けることが必要です。要らない物は処分をして、整理することです。

なるべく早くと言いましたが、寝たり起きたりの生活で、食事があまりとれず、業者に委託すると凄いお金がかかるので、身体の様子を見ながら、少しずつ片付けていて、二カ月が経ちましたが少ししかできず、シルバーセンターでも駄目で、掃除してくれる会社に電話して、お掃除と荷物を持って行ってもらうのに、見積もってもらうと二十五万円くらい掛かるとか。Mさんも、息子さんと二人暮らしで、随分と迷いましたが、このまま自分が片付けていたら、自分の身体が持たないと決断し、お金を出し掃除をしてもらいました。二日掛かりました。思ったより安く済み本当に良かった、空間があると心が落ち着くそうです。

翌日から大変でした。光に包まれた、高貴な女性が現れて、Mさんの指導霊が代わり、家の中に次々と合唱団が現れて、きれいな声で、喜びの歌を歌ってくれ、別世界だそうで、喜んで電話してきました。Mさんは、分からないことを聞くと、指導霊さんが、答えて下さるそうです。また私と電話で、お金のことを話していた後で、指導霊さんから、貧乏は心配するなとか好きな物は食べなさい、これからどうすればいいのかと思っていると、もう少しだとか、また、目に見えない人がよく見え、その時、とても痩せている女の人が現れて、この人は誰ですかと聞くと、貴方だと答えが返ってきて、びっくりしたそうです。改めて自分の姿を見せられて、食べたいものは何でも食べようと思ったそうです。何をすればいいのか分からず、聞くと息子のヒーリングを毎日しなさい、もう少しだ、と言われたそうです。少し経ち、聞きたいことがあると私に電話をしてきて、「私死ぬかもしれない」と言い出し、「どうしたの」と聞くと、「頭の上から、ドスンと何かが入ってきて、気持ちが悪くてふらつく、胸が苦しくて死ぬのではないかと心配で」と言うので、「上の方に聞いたのですか」と聞くと、「大丈夫だ」と言うだけで、後は何も言わないそうです。そんな時はいつも私に聞いてきます。どんなふうに、と説明してもらい、私はよく判りました、神様はMさんの体力が付くのを見守っていた、全身に光を通すため、神からのエネルギーを頭から入れて光を下さる、通す時期を見ていたのだと判りました。今がその時で、Mさんが受け取ることができるようになったので、光を通したのです。本当に良かったと、自分のことのように嬉しくなりました。心配は駄目ですよ、信じて下さいと伝えました。翌日電話が来て、とても穏やかな波動の声で、手足が温かく気持ちが落ち着き嬉しいと、お礼を言われました。しばらくして電話があり、今また、足が冷たいと言い、またぐずぐず心配していたのでは、と聞くと、お金のことや息子のことでと言います。それは今までの癖が出てきて、Mさんが上の方を信用していないので、エネルギーが少なくなるので足が冷たいのです、今までの心配癖が出ないように気をつけることと、上の方を信じることですと伝えましたら、そうですねと納得していました。そうして、しばらくしてまた、息子さんが台所の排水口に物を詰め水が流れず、夜になったのですが、業者の方にお願いして来て頂きました。今回は息子さんに何も言わず、感情も少しも動かさず淡々と処理をしたら息子さんが、お金を出して下さったそうで、初めてのことだそうで、今までも出してと言っても出すことはなかったので、びっくりしたそうです。その話を聞いて、今回は、潜在意識の勉強をしたのだと思います。本人は、今まで通りに息子さんに接していたつもりでも、息子さんには、愛が伝わらなくて寂しくて、ついやってしまいました。今回は自分が悪いと自覚してお金を支払うことをした、愛の勉強ですね、愛はとても大切です。私もMさんの体験談を聞かせて頂き、とても多くのことを知ることになり、いい勉強になりました。お互い良い出会いでしたね。有難うございました。そうして、一人では役割をはたすことはできません、陰と陽がそろってMさんの役割を果たすことができるからです。そうして必要なもの以外買わないことです。

以前、助安先生が、世界のエネルギースポットを回った時の話をして下さいました。地球の七カ所を回りましたが、一人で行った時は一生懸命お祈りしても駄目で、日本に帰り、神様が用意して下さった方と同行してお祈りして役割をはたされたそうです。その場所は、行き場所の無い低い魂がもの凄くいて、地球のエネルギースポットを塞いでいて、その魂を上げるのにすごい時間がかかった、と話して、霊を受け止める役割をされる方と、その霊にお祈りをして、あの世に帰って頂く方と、陰陽でのペアで行うそうです。以前聞かせて頂いたことの意味が、ようやく理解ができました。地球の為にとても大切なお役目です。Mさんは指導霊さんから役目はどうするのですかと、聞かれたことがあり、Mさんは、すぐ返事をして、やります、と答えると、歳を取った方は、やめますと言われる方が多く、やってくれるのですかと聞きなおしてきたそうです。今は食事を多くとり体力が付くことだけを考えて、今、できることをして過ごしています。そうして、最後に愛の行をされています。必ずやり切ることでしょう。私も楽しみにしています。Mさんは、私と同じように、劣等感が強くて今まで時間が掛かったのだと思い、お互いの足りない所を補うことができたらいいなと思いました。

以前、エイト社の心の美術館が閉館して、その作品の整理の手伝いをさせて頂いた時に、助安先生が、突然見えられ、ビックリしました。もうお会いすることは無いと思っていましたので。天界から、私に作品を書いて渡しなさい、と言われ、寝ずに百枚くらい書いて持って来て下さり、一緒に水晶も渡されましたが、その時はどうすればいいのか私には理解できなくて、その中の言葉を選び半分ほど、家に持ってきました。Mさんと話をしていて、その時の色紙を思い出し、二枚お渡ししましたが、Mさんは、有難うしか言わず、今は私と同じく理解ができないのだと受け止めていました。指導をして下さる方から、いろいろ話を聞いていても私にできるかと心配していた時、その二枚目の色紙を見て、使命と書いてあり、これからすることは使命だ、自分の中から出てきて、やっと納得することができたそうです。その話を聞いて、頂いた色紙を活かすことができ、神様がなさることと、それを聞いて素直に実行する、先生に対して心から尊敬し感謝する気持ちが湧いてきました。本当に一つ一つ私にとって、必要な物を用意して下さっていたという事実、しっかりと受け止めて、道具を生かしていきたいと思います。

それからもう一つ、私の人生を変えて下さった大恩人がいます。宗教で出会ったTさんです。『日本民族の役割』助安先生の本と出会わせてくれた方です。Tさんが知らせて下さらなかったら、今の私の人生は無かったと思います。その方は多くの人のお世話をしてお金を使い、自分はいつもコンビニの弁当ばかり食べていて、癌になり全身に転移していると、知り合いの方から聞きまして、電話しましたら、出て下さいました。久しぶりに声を聞き、病状を聞いて、いつまで生きられるか分からないと言われて、私の会社の玄米の粉を贈りました。その時、いろいろ話をして、Tさんは、私が間違っていた、家族を苦しめ、迷惑をかけ、病気がその結果です。今は家族に本当に感謝しています。宗教の人とは会うことはしていないと言いきりました。さすが『日本民族の役割』を読まれた方だと思いました。宗教を求める方は、目に見えない世界に、無意識に興味を持ってしまいます。そして集団の中に呑み込まれて、自分の本当の役割を忘れてしまいます。とても残念です。自分と神は一心同体だということが判りづらくなっていますので、何か問題や苦しみなど乗り越えて気が付くそうです。私もそうでした。心を求めなければこの道はありませんでした。Tさんはとても大きな器の持ち主なのに残念です。その後、亡くなったことを知らされました。人生終わる前に気付いたことは、とても大きなことです。気が付かずあの世に帰るのと、命あるうちに気付き心から謝罪をして亡くなることは、天と地の差があります。組織の人達は天上界の高い所へ行ったと凄いと喜んでいたそうです。これが目で見えない世界の捉え方の限界です。あの世のことが判らないのでどんなことでも通してしまいます。力のある方ですので、きっと大きな役割の計画を立て生まれてきた方で、人生計画を実行することはできなかったことでしょう。とても残念です。

私は、本があまり好きではありませんが、助安先生の本は、読んでいて、私を素直にして下さるメッセージだけを書いてあり、書かれた方の解釈は無く、やさしいのですが、受け取る内容が、なかなか難しいです。人生の指針として受け取り、学ばせて頂いています。メッセージを受け取り、それだけ書いてあります。簡単なメッセージですが奥が深いです。どうぞ皆様、機会がありましたらぜひ読んで下さいませ。読んで下さって、その方の人生が良い方向に行くことを心からお祈り致します。

私の拙い体験談を読んで頂き心から感謝しています。有難うございました。最後に、この自叙伝は私にとっては、内観・反省でした。書いていくたびに、内観した時とは違う思いが出てきて、歳を重ねた自分の本当の自分や性格に気付かせて頂いたこと、新たな自分の発見でした。私は、自分が嫌いなのが解り、それは潜在意識の中にあり、以前、指導霊さんからだと思いますが、劣等感が強いと言われて、納得できませんでした。理解することができず、自分の内側を見ないように一生懸命に仕事をして、ごまかした生き方をしていたようです。自分自身の心を誤魔化す生き方です。神の方を向いていない、自分に気が付きました。そして、内観・反省をする前は、自分に不都合なことが起きた時、口には出さず思いの中で相手の方に非難を向けて生きてきました。今は気が付くと切り替えることにしています。法則を知ってからは、切り替えることが早くなり、悪い思いを他の人に向けることが少なくなりました。すぐその方にお詫びを言って、切り替えます。その方も同じ人間ですので、いつか気が付かれる時が来るでしょうから、それでいいのです。今、世界でも宗教をやっている方が、自分の信じている宗教が正しいと、武器など使い人を殺しています。本当の神はどんなひどいことをしてきた方でも、その人の、人生の中で気付き、修正する時を見ています。決して人を殺しては神のところへはいけません。これもまたマインドコントロールされた結果の行動です。その方達が一日も早く気付いてほしいと心を痛めています。

人間は、目で見える世界に振り回されて生きているようですが、目には見えない世界に意識を向けて人生を歩む生き方の方がやすらぎの人生を送ることになるでしょう。この本は、今まで目で見えない世界の多くの体験をさせて頂きましたことと、目で見えない方々のご指導により、出来上がりました。こんな無学な私が本を書くことになろうとは、夢にも思いませんでした。そうしてこの本は、宗教に入り、本当の自分を見いだせない方に、ぜひ読んで頂きたいと思っています。その一念で書きあげました。非難は、受け入れる覚悟はできています。

最後に、この本を手に取られた方にお伝えしたいことは、私の体験が特別ではなく、全ての人は、生まれる前に自分が立てた人生計画であったことを、くみ取って頂けたらと思います。いじめる人、優しくする人、助ける人、体験をさせて下さる方、全てはその方のカルマを薄めて、神に気付く人生を組み立て生まれてきています。私は時間が掛かりすぎましたが、生かして頂いている間に、私の体験を本として読んで頂けそうです。人生とは多くの方の手助けによって、生かして頂き、学ばせて頂いた人生だとくみ取って頂けましたら幸せです。非難も、心を動かさない試練と捉えています。これからは、地球の上に、光で上げて頂いた時のような、大きい器にしていきたいと思いました。そして、こんな私に沢山の体験をさせて下さり、そのおかげさまでやっとここまでたどり着きました。これからは人の為の人生を、送りたい思いが、胸の中から込み上げてきました。私と、ご縁のある方に出会うのを楽しみにしています。私の体験談を読んで頂き有難うございました。心より感謝します。

久川　正子（ひさかわ　まさこ）

昭和34年、中学校卒業後、お手伝いを始め４カ所目の仕事をしている時に強制的に結婚させられる。３度目の夫と死に別れ、宗教の研修後、不思議な体験をする。宗教を離れ、『日本民族の役割』の本がきっかけで内観・反省をして一人の人間として自分の役割に目覚めた。

答えの無い苦難の道は、もう歩まない

2017年３月１日　初版発行

著　者　久川正子
発行者　中田典昭
発行所　東京図書出版
発売元　株式会社 リフレ出版
〒113-0021　東京都文京区本駒込 3-10-4
電話 (03)3823-9171　FAX 0120-41-8080
印　刷　株式会社 ブレイン

ISBN978-4-86641-032-6 C0095
Printed in Japan 2017
落丁・乱丁はお取替えいたします。

ご意見、ご感想をお寄せ下さい。

［宛先］〒113-0021　東京都文京区本駒込 3-10-4
東京図書出版